システムズアプローチで考える「発達障がい」

関係性から丸ごと支援する

吉川 悟・赤津 玲子・志田 望［著］

金子書房

まえがき

　最初に，本書を企画するにあたり，支援の専門家だけでなく多くの「発達障がい」の人にかかわる家族や関係者の方に伝えられれば良いという考えがあった。それは，これまで扱われることの少なかった家族や，専門家であるか否かにかかわらない本人や家族とかかわる関係者の方，そして，それらを含めた本人と社会的な接点がある多くの人たちに対して，これまでとは一風異なる「発達障がい」の人に対する支援のあり方を考えるためのきっかけを作りたいと考えたからである。

　まず，個人的な「発達障がい」とのかかわりの経緯について触れるところからはじめる。

　「発達障がい」という名称は，筆者が臨床サービス（多数のスタッフを抱えたプライベイトな臨床心理の相談室で，通常の面接だけではなく家族などの本人を含まない面談を実施）をはじめた1980年代にはほとんど耳にすることがなかった。90年代に複数の学校を対象とした教職員のコンサルテーション活動の中で，「障害児教育」という言葉がごくまれに使われたり，当時の「特殊学級」の担任から「学習障害」という言葉が使われたりした程度であった。むしろ，臨床での相談としては，義務教育後に高校などでの不適応から不登校になり，家庭内暴力などの激しい問題が起こっていた事例が，紆余曲折の経過の後に落ち着いてみると，軽度の知的障害であることがわかるなどの事例を散見する程度であった。

　2005年に開業臨床の世界から，現在の大学院での臨床教育の領域に筆者の現場は大きく変化した。着任時にお世話になった友久久雄教授が「障害児教育に長く携わってこられた精神科医」という異色の経歴をお持ちで，筆者はその関連から「発達障がい」を主訴とした事例に対する知見を深めたと言っても過言ではない。

　同時に，DSM-Ⅲで定義されて以降，現在のDSM-Ⅴに至るまでに，臨床カテゴリーとして「発達障害」という定義や分類について二転三転したことはよく知られている。それに応じるかのように，臨床現場や教育現場での「発達障

がい」にかかわる法律の新設や改訂などの変遷がみられ，それに伴い社会全体で「発達障がい」という言葉が広がっていった。

　その過程の現在までの展開は，「発達障がいの本人支援」が中心的課題として扱われてきた。多くの精神的な疾患への対応が，精神医学的認識や臨床心理学的認識に基づいて，当時者である本人の疾患をどのようにして治療的に改善するかを第一義の課題として扱うことが基本となっている。薬物療法や精神療法，心理的支援や精神的な領域でのリハビリテーションなど，すべては「発達障がいの当事者への支援」を目的として展開されている。

　しかし，このような展開は，新たな問題を生み出す構図を設定してしまっているように思われる。それは，多くの「発達障がい」の臨床や支援の現場で，本人の苦悩が語られるとともに，関係者からの「どう接してあげれば良いかわからない」という悲痛な声である。そこで家族などの関係者が聞かされる支援の専門家の声は，「当時者のために関係者が支援に協力するのは当然」という言外の前提が組み込まれているように感じる人が少なくないと思われる。家族を含む関係者の負担や負荷を軽減することは，優先順位として「当事者の後」であり，こうした悲痛な声に目が向かなくなっていると感じられる。

　翻って考えれば，「発達障がい」という状態像が示唆しているのは，適切な表現ではないが，可逆性のない問題，いわば「治すこと」を目的とする問題ではない。だからこそ，多くの専門家は「その問題を軽減しつつ，社会的な場面での適応に向けて，できる限り苦痛を伴わなくなること」という当事者のQOL の向上を目指すことについて，声を大にして語っていると考える。しかし，当事者だけではない「関係者を含んだ中での多彩な社会的場面に関与する人たちにとっての負荷が軽減されること」を意識した支援についての声はわずかしかない。そこまで求めることが当然のことであるという立場は特別なことなのであろうか。

　筆者らはシステムズアプローチという一般的な臨床心理学と少し異なる立場での臨床実践を積み重ねてきた。本書の題名『システムズアプローチで考える「発達障がい」——関係性から丸ごと支援する——』は，本書がシステムズアプローチという立場から「発達障がい」にどのように対応しているかを示した

ものである。筆者らの立場からすれば，「人の問題とされるべき行動」は，「その人だけで問題として悪化したり顕在化したり重症化したりする」とは考えない。それは，その人にかかわる他者との間で，どんなかかわり方が成立するかによって，問題の解消と顕在化を左右すると考えることができるからである。

　これは一般的な精神医学や臨床心理学，教育における特別支援や福祉的支援の前提とされている考え方とは大きく異なる視点である。その意味で，本書の書名には，他の「発達障がい」への臨床的対応や多彩な支援・援助などとの違いを明確にするために，副題として「関係性から丸ごと支援する」と示すことで，これまでとは異なる多くの関係者を視野に入れた支援のあり方を指向していることを示したつもりである。

　これによって，「発達障がい」の本人への対応は当然のこと，その家族への支援にとどまらず，教員や友人，支援者，近隣の人たちや関連企業や施設などの労働環境での関係者など，広い意味での発達障がいの本人にかかわるすべての人への支援を視野に入れた臨床的対応が前提となるべきことを示している。「発達障がい」支援のための視点として，可能な限り多くの社会的な接点のある関係者との間での有効なかかわりが生まれるような広がりを意識することが必要だとの主張を示したいと考えたからこそ，少し違和感のある「丸ごと」という言葉を加えさせていただいた。

　なお，本書では公式な用語として用いられることが多くなった「発達障がい」をあえて使用している。1つは，「害」という漢字のディスコースが持っている否定的イメージの払拭で，もう1つは，精神疾患の分類に位置づいている用語としての「発達障害」という意味と異なる見方で本書を構成したこと，最後の1つは，「発達障害」という用語によって流布されてきた誤解を含む社会通念へのささやかな抵抗としての思いからである。ただ，DSMなどの診断名や法律・行政文書などの原典の引用は「発達障害」とされている表記をそのまま踏襲している。

　最後に，筆者らが日常的に意識している世界は，一般的な臨床心理学の視点とは異なる部分があるため，システムズアプローチの初学者の方が後半の事例

をお読みいただいたときには，多少の違和感を持たれるかもしれない。それは，従来の一般的な支援の考え方とは異なり，「発達障がい」の当事者や家族，その関係者やかかわっている人たちの社会的な活動を促進できる力に対する絶対的な信頼があるから，としか説明できない部分も少なくない。しかし，その違和感こそが，読者の方々に触れていただきたかった新しい支援のあり方，今回，本書を上梓した意義の一つの現れだと考える。

　システムズアプローチによる「発達障がい」への取り組み方は，読者の皆さんの立場が専門家でも当事者でも関係者であっても，その専門性の有無に左右されるものではないと考える。より専門的な立場でシステムズアプローチを検討するならば，そのための訓練プログラムに参加してもらう必要があるかもしれない。しかし，日常の支援や対応の中に取り入れてもらうときには，特別なこととして考えるのではなく，そこにかかわる当事者も関係者も，お互い肯定的な影響となるようなかかわり方として，「どんなことならできそうだろうか」と志向していただくだけでよいと考える。

　本書を通して，少しでも「発達障がい」の支援についての視野が広がり，「発達障がい」の当時者を含む家族や関係者などの多くの人がより安心して支援に関与できることが増えることを期待したい。

　なお，本書の事例はプライバシー等に配慮し，改変し，仮名としている。

2023年12月

著者を代表して　　　吉川　悟

CONTENTS

第1章
システム論から見た発達支援

① 発達障がいに関する社会的概観

(1) 「発達障害」から「神経発達症」までの経緯

　神経発達症についての研究は，カナー（Kanner, 1943）が「早期乳幼児自閉症」という概念を提唱し，知的障害との違いを明確にしたことからはじまったと考えられる。疾患カテゴリーとして類似する名称が登場したのは，1980年のDSM-Ⅲの診断分類で，はじめて「広汎性発達障害群」というカテゴリーが示されるようになった。これが現在の「発達障害」という名称の基礎となったと考えてよいかもしれない。そしてDSM-Ⅴで「神経発達症」として名称が改められている。

　日本では，杉山（2000）が「軽度発達障害」として，PDD（広汎性発達障害），ADHD（注意欠陥多動性障害），LD（学習障害），DCD（発達性協調運動障害），軽度の知的発達症を取り上げ，対応や教育の不十分さを指摘し，重度のASD（自閉スペクトラム症／自閉症スペクトラム障害）を伴う知的発達症との区別を行うことを提唱したのが基本的な指標とされている。

(2)　発達障がいへの社会の注目

　日本において現実的な社会問題として「発達障がい」全般に対する関心が高まったのは，ひきこもりの問題やそれらに伴うとされた精神的疾患と明確に鑑別されない少年の起こした重大事件だと考えられる。1997年に当時14歳の中学生が逮捕された「酒鬼薔薇聖斗」事件と呼ばれた神戸の連続児童殺傷事件，2000年に当時17歳の少年による「西鉄バスジャック事件」と呼ばれた福岡の殺傷事件，2004年に長崎県の小学校6年生の女児がカッターで切りつけ殺傷した「佐世保小6女児同級生殺害事件」など，マスメディアのセンセーショナルな報道に登場した用語が「発達障害」であった。

　教育の世界では，1980年頃より，「発達障害」という診断が規定されたことにより，不登校などの集団不適応児童の一部に，「注意欠陥多動性障害」や「学習障害」，そしてあまり明確に語られなかった「アスペルガー症候群」などの医学的診断を持つ児童への対応が議論されはじめていた。ただし，学校教育の受け皿の問題があった。教育基本法では，学校教育の一部に障害児への教育として「特殊教育」という名称が用いられていた。前述の児童・生徒らは，この「特殊教育」の枠組みには当てはまらないため，学校として受け入れることができないという問題が生じたのである。こうした問題を解消するために，2008年に学校教育法の一部改正により，「特殊教育」から，新たに「特別支援」という名称が用いられることとなり，支援の対象を発達障がいなどの児童・生徒を含む障害児を対象とする旨が示された（文部科学省，2006）。以後，学校教育の中での「発達障害」児の学びが保障される制度改革となった。

(3)　発達支援と「療育」

　現在の神経発達症の具体的支援の中心となる方法は，「療育」だと考えられる。「療育」という用語と概念は，1942年に東京帝国大学の整形外科教授であった高木憲次が，主に肢体不自由児への対応として提唱している。海外においては，ドイツのゲオルゲンス（Jan-Daniel Georgens）が「治療教育学（Heilpädagogik）」を主張し，心身の障害児に対して医療と教育が連携してか

かわることを主張したのがはじまりとされている。そして現在は，知的発達症や神経発達症を持つ子どもたちに応用されるようになっている（尾崎・三宅編，2016）。

(4)　神経発達症支援の課題

　神経発達症への対応は，乳幼児期に「1歳半検診での早期発見」が設定されており，児童相談所などの専門機関での検査，診断を経て，療育機関などでの支援を受けることが基本になっている。その後の学童期では，学校教育が中心となり，それぞれの発達障がいの当事者の問題について，医療機関での薬物療法や，学外での各種の療育プログラムへの参与など，学校が関係機関との連携などを行うことが基本となっている（中根・内山・市川編，1997）。このように，日本では，乳幼児期，学童期の支援は早期から形成されてきたが，成人を対象とした支援に関するニーズが近年になり増加した。法整備に伴い，制度上も，2016年に切れ目のない支援の必要性が指摘されているが，神経発達症を持つ成人についての問題は，さらなる対応が望まれているのが実状である（内閣府，2016）。

　神経発達症を持つ人々へのアプローチに加えて，社会的要請が高まっているのが家族支援である。家族支援は，2005年4月に「発達障害者支援法」が施行されたことに伴い，「発達障害者の家族その他の関係者に対する支援が行われるよう，必要な措置を講じる」ことが求められ，支援ネットワークの整備，保護者自身のストレスマネジメント，神経発達症を持つ子どもへの療育技法開発など，さまざまな観点から家族への支援が行われてきた。神経発達症を持つ子どもの親への支援は，発達特性に対する情報提供や，適切な見通しによる予後の説明など，長期的な視点で二次的な問題の発生の予防を防ぐために重要であるが，発達特性をどのように養育者に告知するか，親のパーソナリティ特性や精神疾患の有無などのアセスメントも必要であり，総合的な支援を考える必要があるとされている（本田，2016）。

　神経発達症の家族支援の中心的存在の1つが，PT（親訓練：Parent Training）である。PTは，行動理論に基づいて，講義やロールプレイなどを

通じて，養育者が効果的なかかわり方や行動技法を身につけることを目標としている。PTは，1960年代にアメリカを中心にはじまり，さまざまな行動を獲得したり修正したりするための，家庭で行えるプログラムに基づいた訓練である。その他にも，DIR/FloortimeモデルやRDI（Relationship Development Intervention）といった発達論的アプローチも，親と子どもとのかかわり方，親子間の相互作用に基づき，親を共同支援者として位置づける方法であるとされている（尾崎・三宅編，2016）。日本における家族支援は，PTを中心に広がってはいるが，全国規模で系統だった支援になっておらず，今後の発展が望まれる領域である。

② システムズアプローチから見た神経発達症への支援

　ここでは，発達障がいを，あえて「問題」と称して話を進める。

　これまでの多くの発達障がいにかかわる治療や援助のための考え方には，いくつかの関連する前提があると考える。1つは，一人の個人の心理的・生理学的，精神的な発達を基本として成立してきたという歴史的経緯が関与している。これは一般的に「定型発達」と称される人の発達の正常域の特徴，いわば個人の理想的な発達過程を基本として考えられているものである。したがって，治療や援助のための考え方も，この「一人の個人」を「定型発達」と対比して，「どのように違っているのか」を明らかにすることが基本となっている。勘違いのないようにしたいが，この「定型発達」という考え方そのものに問題があるのではない。

　より大切なことは，現実に多くの相談の場に登場するのは，発達障がいという問題を抱えて困っている「個人」だけではないということである。発達障がいとされている人にかかわっている，その人と社会的な接点がある複数の人，例えば「母親や父親，兄弟などの家族」「その人が通っている学校の友人やクラスメイト，教職員などの学校関係者」「日常の買い物や趣味に関連するお店の店員」など，当該の「発達障がいとされている人」とのつながりのある人たちのほぼすべてが，相談の場に登場する可能性があるということである。

　もう一つ大事なことがある。これまでの前提では，当該の「発達障がいの問題を持っているとされている本人」が，こうした自分とつながりのある人たちとうまくつながりを持ち続けられるようにしたいと考えていても，本人にとって「なぜか知らないが，うまくいかないことに困っている」と考えられてきた。「発達障がいを持つ本人」が周りの人たちとの問題や困難を解消すべき主体者であると考えられてきたのが実情だと考える。しかし，人間関係の変化を考えた場合，二者以上の関係の場合は，「どちらか一方が変化する」だけで変化が起こるより，「同時にお互いが変化する」方がより変化が起こりやすい。同様に，「発達障がいの問題を持っているとされている本人」だけでなく，その本人にかかわる関係者も，同時に変化に対応しようとする方がより効果的であることはいうまでもないと考える。

　これまでの前提に縛られず，こうした新たな前提で考えるなら，発達障がいの問題に対する「治療」や「援助」や「支援」は，精神医学的診断を受けた当事者に対するものだけではないと考えるべきだろう。これまでに，こうした「当事者に対する治療・援助・支援」の方法は，それぞれの専門領域ごとに発展し，多様な方法の蓄積がある。しかし，ここで述べているような「発達障がいの問題を持っているとされている本人」だけでなく，その本人の日常にかかわる人たちの困難や問題を，同時進行的な視点から，できるだけ軽易な方法で解消する考え方や方法論は，ごくごく限られた領域でしか考えられてこなかったのが実状である。

　この前提を大きく変えたのは，2つの法律が社会に与えた影響による。

　その1つは，2005年の中央教育審議会の答申「特別支援教育を推進するための制度の在り方について」に基づき，2006年に「学校教育法等の一部を改正する法律」が公布され，特別支援教育が2007年4月から実施されるようになったことである（文部科学省，2006）。それまで「障害児教育」として通常の教育と二分化していた制度の分類の狭間にあった発達障がいに類する児童・生徒に関して，新たな指標を提示し，実質的な支援のあり方についてのガイドラインを含めて定めたものとなった。

　特別支援教育は，あくまでも教育の領域における発達障がいの児童・生徒に対する新たな対応指針を示したものである。しかし，これによってこれまで

「障害児教育」で治療的訓練効果が高いとされてきた「療育訓練」という，発達段階ごとに対応した社会性獲得やコミュニケーション能力の向上の手続きが汎化されたことが，その後の支援に大きな影響を与えたと考えられる。

　加えて，2015年に国家資格として法制化された「公認心理師法」の中で，職能の一部としての新たな専門性が明記されたことも大きな転換点になっている（厚生労働省，2015）。公認心理師法の第二条では，「心理学に関する専門的知識及び技術をもって，次に掲げる行為を行うことを業とする者をいう」とされ，どのような仕事を専門的に行うべきかを明記している。その三に記載されているのは，「心理に関する支援を要する者の関係者に対し，その相談に応じ，助言，指導その他の援助を行うこと」である。これまでの「支援を要する当事者」だけでなく，「支援を要する者の関係者に対しての心理的支援を行うこと」が明記されたのである。

　あらゆる相談の場に来談する「本人」だけを援助・相談の対象とするのではなく，「その関係者」である人たちの希望に添うことも前提として援助・相談を行うこと。それが当たり前のこととして考えられるべきだと，これまでの前提が変化しはじめているのである。こうした相談の場での関係者に対する援助・相談を行う方法として，現在の段階で体系化されている方法の1つが，いわゆる「システムズアプローチ」と称されている方法論である。ここまでに述べてきた基本的な歴史的経緯を含めた多様な視点を包括できる考え方と位置づけても良いと考える。

　ただ，一般的な精神医学や臨床心理，心理療法の現場での考え方とは異なり，他の障害についても同様に，「その問題を持っているとされている本人」にかかわる人たち全体を治療・援助・支援の基本とするという考え方は，まだまだごく一部での実践しか行われていないのが実情である。ここからは，この「システムズアプローチ」という考え方を，発達障がいに対する一般的な治療・援助・支援の考え方と対比しながら，再考する。これまでの考え方とシステムズアプローチの考え方にどのような違いがあるかを明らかにしたい。そして，今後，発達障がいの当事者への援助・支援・治療などの新たな視点として，なにをどのように考えることが良いのかのヒントを見いだし，そこからより多様な視点で，新たな支援のあり方を再考してもらいたい。

③　システムズアプローチでは障害をどうとらえているのか

(1)　障害を「理解」すること（誰が）

　発達障がいの当事者に対しては，近年定式化した発達障がいに対する理解を促そうとする傾向が見られる。それは，自らの「障害」とこれから付き合っていくために必要なことを情報として伝えようとすることであり，「告知」と「自己理解・障害受容」といわれている。ただし，当事者にとって困難な出来事は，年齢や状況とともに変わっていく。しかし，多くの場合，定型発達と同様の社会化が年齢ごとに求められているため，それに従って定式化した理解，例えば10歳で二者関係から三者関係へと人間関係を複雑化することができること，中学生年齢であれば，他者に対する積極的な思いやりの意志を示せるようになることなど，発達段階ごとの社会で必要とされている行動が求められる。社会では発達障がいの当事者の年齢ごとに生じる問題が整理され，示されることが以前より広まっているのである。

　しかし，家族にとってはどうなっているか。家族は，当事者と「生活を共にすること」だけでなく，当事者の社会とのつながりをサポートすることが暗に求められている。定型発達に基づいた人の場合，青年期以降の子どもに対して家族が負うべき負担は，圧倒的に少なくなる。子どもが「自立していく」からである。しかし，発達障がいの当事者にとって社会化していく過程は，大きな問題や苦悩が立ちはだかっていると言っても過言ではない。それは，それぞれの社会の中で発達障がいの当事者を受け入れてくれる人間関係が存在するとは限らないからである。そして，当事者の抱く受け入れられない不全感を支える主体者が，いつまでも社会的には「家族である」と見なされてしまっているのが実状である。

　そもそも，社会化するということは，社会で仕事をしたり，遊んだり，さまざまな行動や体験ができるような環境に適応することを前提としている。社会化していく子どもたちは，すでにできあがっている組織のあり方に自らを適合させていくことが求められる。大きな企業では，この過程を促進できるような

社内プログラム，社内での適応的行動をわかるように示してくれたり，社内でのサポート役がつく場合もあったりする。一方，新たに組織に入っていく子どもの側も，自らの社会的な適応力を発揮して，その組織のあり方に自らを適合させようと努力することが前提となる。

　社会で働く際，発達障がいの当事者には，社会に適合するための「組織のあり方」を理解すること自体が非常に困難であったり，組織内の他者とのコミュニケーションの意味を取り違えたり，書類の機能的意味を理解することに時間がかかったり，協働的対応が求められている場面での同調行動ができなかったりなど，多くの困難と出会うことになる。

　そして家族は，当事者が感じているこのような齟齬を解消するために，間接的な話の中から「社内での動きを理解し，起こっている問題を咀嚼したり，対応すべき行動を新たに伝えたりする」などの対処・対応を示そうとするかもしれない。ただ，これだけでなく，当事者が社会的場面で感じ取っている「不全感や困惑，混乱や悲哀，怒りや憤怒」などに対しても，非常に複雑な情緒的対応が求められている。それは，「こうした感情を抱くことそのものは正当である」という共感的な応対が求められながらも，一方では「社会的に適応すべき場面での応対としては，自らの精神的状態を安定させなければならないのだ」という前提を伝え，なおかつそれぞれの相矛盾する対応・方法を同時に供与することが求められているのである。

　発達障がいの当事者に対して，このような複雑な情緒的共感と，状況理解をし，適合できるようにするという要請を同時に伝え，理解できるようにしようとする。そのプロセスこそが障害ゆえに理解しがたい部分と多くのつながりがあり，困難を極める。これは，専門家でも簡単にはできない。しかし，現実に多くの家族は，発達障がいの当事者に対して，こうした困難な矛盾する前提そのものを理解できるように伝え，話し，説得するのが当たり前であるかのように考えられている。「家族は当事者をサポートするのが当然」という前提そのものが，「家族が障害を理解することのたいへんさ」だけではなく，理解した上で相矛盾する高度な対応を当然のように課せられることに打ちひしがれてしまう可能性が高いと考えられる。

　また，発達障がいの当事者と関与するのは「家族」だけではなく，社会的な

場にもいわゆる「関係者」が多数存在する。学校であれば先生や同級生であり，近隣であれば近所の人や生活空間を共有する人たちで，趣味やスポーツの場であれば，そこにかかわる人たちである。これらの人たちを「関係者」と一括りにしてしまいがちだが，それが大きな問題の根本になっている。なぜなら，それぞれの「関係者」は，それぞれの場面ごとに発達障がいの当事者とのかかわり方の「目的」，「頻度」，「方法」，「責任性」など，それぞれに大きく異なる前提があるからである。

　例えば，学校の担任として，教育活動における発達障がいの児童・生徒への教育的配慮はどのような点を考慮すると良いのか，交友関係の争いごとなどの対応で当事者と周りの児童・生徒との間にはどのような場面理解のずれがあるのか，通級指導などで生じる他の児童・生徒との差を学級集団内でどう対応すると良いのかなど，掲げればきりがないほど多様な場面での理解が求められる。しかし，学校の担任という立場の「関係者」は，発達障がいの当事者の児童・生徒を「保護する責任」，「教育を受けさせる責任」などと同時に，周りの児童・生徒への責務も負っていることになる。いわゆる「学校生活での問題を処理する責任」の多くに関与することになっているため，当事者の児童・生徒以外の関係する児童・生徒への理解も求められるのである。

　しかし，これが近隣の住民という立場であれば大きく異なる。マンションの同一棟に住んでいれば，発達障がいの当事者がエレベーターの階数ボタンを何度も押していて，まるで遊んでいるかのような場面に遭遇するかもしれない。その子どもが自閉症的傾向を持つ発達障がいの当事者であると知って，わがままに「遊んでいる」のではなく，常同行動と呼ばれるある種の特別なこだわりに囚われているのだと理解できれば，叱りつけることなくその場を立ち去ることができる。しかし，それを知らなければ，やはり不適切な「遊びのような行動」にしか見えないため，注意や叱責によるかかわりを，社会人として当然の行為として行うかもしれない。しかし，発達障がいの当事者が注意・叱責などされると，常同行動を「邪魔された」と受け取って，その結果としてパニックを起こす可能性が高いと考えられる。つまり，社会的に適切な対応をしても，とんでもない状況になってしまう危険な存在だと誤解されてしまいかねないのである。

また，小学校低学年の発達障がいの当事者が学習塾などにおいて課題に取り組んでいる場面でも，周りの子どもたちの行動が気になって落ち着きなくキョロキョロして注意が拡散したり，気になる子どものところに行っていろいろと話しかけたりするなど，集団内で課題に取り組むべき態度と明らかに異なる行動が顕著に起こるかもしれない。当事者の子どもにADHD傾向があれば，注意が拡散しているかのように見える行動のほとんどは，本人がその場で落ち着こうとして，周りとの同調性を検索している行為である可能性が大いにある。しかし，多くの場合こうした行動は「落ち着きのない行為・集中力を欠いている」などと見なされ，行動修正するように指導される。だが，当事者の子どもにすれば，注意されたことは，まさに自分にとって「適応的行動の模索中」だったのだから，どうすれば良いのか混乱し，パニックになるか，以後その場に身を置くことそのものに嫌悪感や恐怖を覚えることになってしまうと考えられる。

　このようないくつかの例を挙げ，多くの人が細かな説明を受け取ることができるならば，発達障がいの当事者に対する理解が深まり，社会の中で当事者との間の不要なトラブルは回避できる可能性が高くなるかもしれない。しかし，現実的には，身近に発達障がいの当事者がいたり，その関係者から必要に応じた情報を提供してもらったりする機会がないと，積極的な理解が深まる可能性はほとんどないのが普通だと考える。「関係者」と呼ばれる立場からすれば，それぞれの生活場面ごとに発達障がいの当事者とのかかわり方に違いがあるため，発達障がいの当事者について「理解を深めること」そのものが，それぞれの「目的」や「責任性」によって大きく異なっているからである。つまり，それぞれにとって発達障がいの当事者について理解すべきことが違うのだということが，いろいろなことを考える場合の大事な背景となるという理解が重要なのである。

(2)　障害を「評価」すること（どのように）

　次に，発達障がいを理解するために「ある種の情報」を獲得したとして，それをどのように用いることが必要となるのか。「どのように情報を用いるの

か」について，これまでの治療・援助・支援は，あまり有効な指針を示してこなかったと考えられる。それは，発達障がいの本人だけを視野に入れることを前提として，治療・援助・支援が成立していたためである。当事者にかかわっている多くの「困っている関係者」にとっては，二重の困難があったと考えられる。

　1つは，「情報入手そのものが守秘義務の範疇での制限によって困難であること」である。仮に知能検査の結果のデータが整理されていたとしても，そのデータそのものは「クライエントの特性に関する守秘内容であること」を前提としていて，当事者の困り感を治療・援助・支援したいと考えている人たちであっても，手に入れることが難しいのである。

　もう1つは，仮にその情報が手に入ったとしても，「専門的な分析結果と，一部の行動特性などが記載されているだけで，その検査結果を日常的な応対に反映することができないこと」である。知能検査のフィードバックの結果として書かれている内容は，ある種の数値データとその解釈が記載されているだけで，専門的な知識がなければその意味がわからない。それを当事者の困っている日常に反映するためには，より一層の高度な専門的知識が必要とされるという困難が生じてしまう。

　こうした問題は，相談の場における発達障がいの専門家の側からも問題提起され，改善の指針がいくつかは示されているが，まだまだ不十分である。それは，先にも示したように当事者とどのような立場でかかわるのかによって，当事者に対する治療・援助・支援の内容そのものが異なるため，それぞれの立場ごとの「検査結果から導き出されたガイドライン」が必要だと考えられるからである。

　発達障がいだけではないが，精神科に関連するとされている問題や疾患の場合，専門家からその問題や疾患についての詳しい説明を受けることは，まだまだ少ないと思われる。処方された薬がどのようなものであるかを確認する過程で，薬の主要な作用機序として，どのような疾患に用いられるのかを知り，そこから類推する方法などが，一般的に用いられている。ただ，これは薬物に対するある程度の知識がないと，大きな誤解を生み出す場合も少なくないので薦められない。例えば，統合失調症に対する有効性が主要な薬物であっても，発

達障がいの行動抑制に顕著な効果が認められる場合がある。それは，「統合失調症だから効果があった」のではなく，「発達障がいによる興奮しやすくなる傾向を抑制する効果があった」からなのである。ただ，こうした違いを知っていないままでは，誤解を招きかねない。

　また，精神科関連の多くの薬物の使用目的は，それぞれの疾患で呈している「症状」と呼ばれている精神的・身体的異常反応を薬物によって抑制・沈静化する効果を目的としている。風邪をひいて発熱している場合の解熱剤と同じで，風邪の改善や治療そのものには効果はないが，発熱に対して顕著な効果があるのである。これと同様に，精神科関連で用いられている薬物は，それぞれ精神的・身体的異常として現れているある特定の問題のみに効果を示すものとして処方されている。つまり，薬物療法は，基本的にその問題や症状・病気を根本的に改善することを目的としているのではなく，今生じている異常な問題をモグラ叩きのように抑制していくこと，いわゆる対処療法と呼ばれている方法に基づいているのである。

　薬から元の問題に話を戻す。専門家から現状の問題や疾患についての詳細な説明や，今後の治療計画を伝えてもらうこと，加えて以後の社会生活の中でどのような点に留意することが必要になるのかなど，本当は詳しく説明してもらいたいと当事者や関係する人々は，考える。しかし，多くの精神科関連の疾患は，病気そのものがその人の日常と密接にかかわっている部分があるため，個々に「その人にとっての有効な説明」をするためには，「その人のことを知ること」が求められる。また，その後の社会生活復帰までにどのような回復が見られるのかは，日々の生活との関連や本人の個性，生活環境やかかわる関係者との関係性などもあるため，初期段階では見通しがつかないのである。ここが他の身体疾患との大きな違いだと考えられる。

　加えて，発達障がいの場合は，障害によって日常生活の一部に負担がかかっていることはわかったとしても，それを根治療法的に改善することはできない。他の疾患と同様に対処療法によって，一部の困難は軽減・改善するかもしれないが，本質的な問題は変わらずそこに存在し続けているのである。

⑶　障害を「変化」させるために必要な視点

　さて，これまでのような発達障がいに対する視点ではなく，システムズアプローチと呼ばれる立場からは，どのようなことを目指そうとするのかを具体的に示していきたいと考える。

　まず，「発達障がいの問題を持っているとされている本人」だけに焦点を合わせるのではなく，本人にかかわる可能性のあるいろいろな関係者に「発達障がいの問題を持っているとされている本人」のことを理解してもらえるようにするところからはじめるのが最も重要である。

　前項でも触れたように，関係者は，「発達障がいの問題を持っているとされている本人」がどのような場面や理由で困難を感じるのかという説明を受け，まず納得できていることが重要である。そして，その他の人とは異なる特徴を理解した上で，日常生活の中での困難を克服するためのその人独自の対処方法を見つけ出し，それを本人が日常でのスキルとして身につけられるように支援していくことである。ただ，ここまでの対応であれば，これまでの発達障がいへの対応の理想的な方法として多くの専門書で記載されている。

　重要なのは，自らの日常に独自のスキルを獲得していくまでの段階で，関係者が「発達障がいの問題を持っているとされている本人」が取り組んでいることにどのような意味があり，それによって何が変わるのかを理解し，その上で本人が取り組んでいる新たなスキル獲得の負担が軽減するようにかかわれるようになることを理想とすることである。

　言葉にすると簡単に聞こえるが，取り組んでいることの負担軽減につながるかかわり方は，一朝一夕に見つかるようなものではない。最も頻繁にいろいろな場面で登場するのは，パニックに陥った際にその改善を図る「落ち着けるための空間」が与えられることによって，比較的軽微な状況でパニックから回復できるようになることかもしれない。一般的な関係者の対応として，パニックになったときに「落ち着きなさい」と声をかけがちである。これは，多くの場合逆効果で，より一層落ち着かなくなり，パニックが持続したり，強化されたりすることになる。

　発達障がいの当事者は，社会的な場面で一般的には「できるであろう」と考

えられている行動ができないということも少なからずある。そして，できないことについて関係者から叱責や苦言を呈されてしまうと，どうして良いかがわからず，社会的な場を避けることで対応しようとする傾向が強くなる。酷い場合は，ひきこもってしまうことも少なくないのである。

　まず，発達障がいの当事者にとって，その困難や困惑がどのようなものであるか，そしてその人にとって重要な他者の存在を明らかにし，その順位づけを共有することからはじめる必要がある。そして，その重要な人と，当該の発達障がいの当事者との間でどのような場面でどのような問題が起こっているのかをできる限り客観的に把握できるようにしていく必要があると考える。

　人とかかわる多くの社会的な場面では，当該の発達障がいの当事者の，何らかの意図が反映している可能性がある。「客観的に把握する」ためには，できる限りその意図を見抜くようにする必要がある。その意図を理解しない限り，結果的にさらにうまくいかないかかわり方を選択してしまうリスクがあるからである。トラブルが生じる前に関係者が考えていたことを知ることと，トラブルが起こってから別の人から関係者の意図を聞き取ることは，まったく違った次元での情報を集めていることになる。なぜなら，発達障がいの当事者と関係者との間で生じている問題とされている多くの反応や行動は，時間経過とともにその意味が変化する可能性があるからであり，それを常に意識しておく必要がある。

　そしてこうした情報をできる限り詳細に集めることによって，トラブルなどの問題が，発達障がいの当事者のどのような「障害特性」によって生じていたのかを把握することが重要である。特性を理解できていない関係者は，ごく普通の対応を期待して発達障がいの当事者とかかわり，トラブルなどが発生していたと考えられる。ここで重要なことは，同様のトラブルや問題を再燃させないようにするために，当事者の側だけが新たな行動を選択するのではなく，関係者の側が今後も類似する対応が生じるのであれば，どのように応対することが有効であるかを理解できるようにすることである。これがシステムズアプローチで積極的に行っている「関係者支援」と呼ばれている対応の第一歩である。

文献

本田 秀夫（2016）．早期発見・早期療育・親支援はなぜ必要なのか？　柘植 雅義（監修）ハンディシリーズ　発達障害支援・特別支援ナビ・発達障害の早期発見・早期療育・親支援（pp.2-10）　金子書房

Kanner, L.（1943）．Autistic Disturbances of Affective Contact, *Nervous Child*, *2*, 217-250.（カナー，L.　牧田 清志（訳）（1976）．情緒的接触の自閉的障害　現代のエスプリ，*120*, 至文堂，22-46.）

厚生労働省（2015）．公認心理師法 Retrieved from https://www.mhlw.go.jp/stf/seisakunitsuite/bunya/0000116049.html（2023年5月5日）

文部科学省（2006）．特別支援教育の推進のための学校教育法等の一部改正について Retrieved from https://www.mext.go.jp/a_menu/shotou/tokubetu/001.htm（2024年3月14日）

内閣府（2016）．発達障害者支援法の改正　平成29年版障害者白書 Retrieved from https://www8.cao.go.jp/shougai/whitepaper/h29hakusho/zenbun/pdf/s2_2-1.pdf（2023年5月5日）

中根 晃・内山 登紀夫・市川 宏伸（編）（1997）．自閉症治療スペクトラム――治療家のためのガイドライン――　金剛出版

尾崎 康子・三宅 篤子（編）（2016）．乳幼児期における発達障害の理解と支援②　知っておきたい発達障害の療育　ミネルヴァ書房

杉山 登志郎（2000）．軽度発達障害　発達障害研究, *21*(4), 241-251.

第2章

システム支援者になるための初めの一歩
──変えられるのは自分だけ──

① はじめに

　10年以上前，筆者は有志で行っていた障害児・者のための臨床動作法の会で，月に1回ほどトレーナーとして自閉症やダウン症の子どもたちとかかわっていた。ある日，小学校低学年の脳性麻痺の男の子を担当した。その子は座った姿勢を維持しにくく，こちらの話はある程度理解できるが発話は難しかった。筆者に課された課題は，彼の股関節を動かすことだった。筆者は床に座った彼の後ろから腰の左側に手を当て，「ここに力入れてみてね」と声をかけた。しかし何度やっても，彼の動きは筆者の左手には伝わってこない。くの字に曲がって丸くなってしまっている小さな背中を見ながら，もしかしたら座った姿勢を維持することで精一杯な彼には難しい課題なのではないか，そんなことを考えはじめていた。筆者が難しい顔をしていたからだろうか，スーパーヴァイザーの先生が来てくれた。筆者と同じ場所に手を当てた先生は，「ここ，こうね，力入れてみて」と彼に声をかけた。そして「そうそう，上手だね」と声をかけた。言葉にはできないが，彼の褒められて喜んでいる感じが筆者にも伝わってきて驚いた。先生から「やってごらん」と言われ再び筆者がやってみると，やはり筆者の左手には何も伝わってこない。彼には「動きがわからなくてごめん

ねー」と言いながら，何度も先生から教えてもらった。何度も何度も繰り返した後で，やっと頑張っている彼の股関節の動きを筆者の左手に感じることができた。問題は彼の股関節の動きではなく，筆者の左手だったのだ。

　この経験は，筆者に大きな視点の転換をもたらした。それ以降，発達障がいを持つ方々の支援がうまくいかない時に，問題はクライエントと私のどちら側にあるのだろうかと考えることがある。山本（2016）は，発達障がいの方たちとかかわる際に，私たちがその方の外側にいて問題だととらえていたものが，じつは私たちの側の問題であることも少なくはないと述べている。支援で行き詰まりを感じた時に，あの時の筆者の左手のように，彼らの発信している，発信しようとしている何かを受け取り損ねているのではないだろうか，そんなふうに考えてみる。問題を彼の発達障がいと意味づけて考えるのではなく，彼と私の関係の中であれこれ考える，それがシステム支援者になるための第一歩である。

　システム支援者は，問題をクライエントの内側にある欠陥であるとはとらえない。一方的にクライエントに環境への適応を強いない。問題は，それにかかわっている人と人の間で問題としてとらえられるようになり，解決しようとする人と人の努力の中で，より問題となっていくのだ。そのため，支援者の側が変わることで，問題が解消するような新しい関係を生み出すことができる。本章では，そんなシステム支援者になるためのとらえ方を示してみたいと思う。

② システムの小さな単位

　システムの小さな単位を，仮にここでは「自分」と考えてみよう。一般的に「自分」や「私」と表現しているものをシステムととらえていただきたい。自分は，世の中の出来事をさまざまに切り取って理解している。例えば，自分は虐待のニュースを見て，「子どもがかわいそうだな」と思う。しかし，同じ虐待のニュースを見ても「親の方に何か事情があったんじゃないかな」と考える人もいる。システム論の視点ではこのような出来事の見方，出来事を見る視点を〈枠組み〉や〈フレーム〉と考える。フレームのつけ方には，自分独特の切

り取り方があり，当たり前であるが，同じ事象を見てもフレームのつけ方（枠づけ方）は多様で人によって異なっている。

このような「自分」という小さなシステムは，「関係システム」と「時間システム」からとらえることができる。「関係システム」とは，自分がかかわっている今現在のさまざまな関係を示すものである。人間関係の良し悪しにかかわらず，喧嘩やいさかいも含めてあらゆる人との関係を，「関係システム」としてとらえることができるだろう。

一方で，「時間システム」は言葉通り時間軸に沿って展開している。例えば，今の自分が1週間前に行った遠足のことを思い出して，「遠足の時にバスでやったゲームは楽しかったなあ」と過去に思いを馳せる時がある。現在の自分が過去の事象をあれこれと考えている。過去の自分と相互作用しているのである。簡単に言うと，過去の何らかの場面を想起して，記憶の中の誰かや何かを思い起こすことだ。一方で，「明日の遠足のバスで気分が悪くなったらどうしようかなあ」と未来に思いを馳せる時がある。現在の自分が明日起こるかもしれない場面を想像して相互作用しているのである。遠足が楽しみな時だけではなく，職場でまた怒られたらどうしようと不安な時もあるだろう。自分の中で自分自身を振り返るとき，自分の中で未来について考えるとき，現在の自分は過去の自分や未来の自分とやり取りをするのだ。それが「時間システム」である。

③ 関係システム

関係システム（図2-1）とは，今現在の自分がかかわっている，同じ時間を共有しているさまざまなシステムのことである。例えば，自分は一般的には家族システムに含まれている。その他に，会社システムにも含まれていたり，友人システムにも含まれていたりする。友人システムは，大学時代と高校時代では異なるメンバーなので，違うシステムが作られているかもしれない。趣味のバレー仲間システムがあるかもしれないし，ママ友システムもあるかもしれない。自分という小さなシステムは，同じ時間を共有するさまざまなシステムとかかわっている。また，自分は，5名ぐらいの仲間システムを作る一方で，そ

の仲間システムの中の1人だけと特別に親しい友だちシステムを作ることがある。LINEグループをイメージするといいだろう。仲間LINEグループの中でも，個人的にLINEでつながっている人がいる。仲間LINEグループでの自分の応対と，個人LINEのそれとは，まったく異なっているだろう。個人LINEでは自分の率直な思いを打ち明けられても，仲間LINEになるとそのような打ち明け話ができないことは普通である。システムに話を戻すと，仲間システムの中にいる自分と，特別に親しい友だちシステムの中にいる自分が異なるふるまいをするのは当たり前である。むしろ，異なるシステムでも同じふるまいをしたら周りからTPOが理解できていないと思われるだろう。自分のふるまいや言動は，システムによって変わって当然なのである。

　関係システムは，その時々の状況に準じた相互作用の関係性によって成り立っている。例えば，筆者の同僚にミキさんという女性がいる。ミキさんは筆者の仕事が遅いのでいつもあれこれ指示をしてくる。だから筆者はミキさんを〈せっかちで細かい人〉とフレームしている（枠づけている，意味づけている）。ミキさんからすると，筆者は〈要領が悪い人〉なのかもしれない。普段はミキ

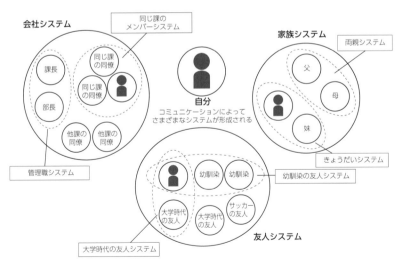

図 2-1　「関係システム」のイメージ

さんのことをうるさいなあと思うことが多いのだが，昨日は本当に大事な仕事がすっかり抜けていて，あやうく周りに迷惑をかけるところだった。ミキさんがあれこれ言ってくれたおかげで，何とか対応することができた。ミキさんに感謝の気持ちを伝えると，「まったくもう世話が焼けるんだから」と笑い飛ばされた。その時に初めて思ったのだが，ミキさんからすると筆者は〈心配で放っておけない人〉なのかもしれない。筆者はミキさんを〈せっかちで細かい人〉と枠づけていたが，もしかしたら〈気遣ってくれる人〉なのかもしれないと思った。ミキさんが〈せっかちで細かい人〉から，〈気遣ってくれる人〉に変わったことによって，筆者はミキさんに対して，今までとは違って少しありがたいという気持ちを持つようになった。それが行動に出たのかわからないが，ミキさんの筆者に対する声掛けが，少し優しくなったように感じている。

　コミュニケーションは一方通行ではなく，双方向である。筆者がミキさんに対する枠組みを変えることで，筆者の行動が変わって，ミキさんとの関係が変わるのだ。大切なことは，相手に変化を求めるよりも自分が変わる勇気だろう。支援の場も同じである。

　ある小学校4年生のクラスの関係システムを考えてみよう。4年生の担任が気になっているのはリョウさんである。担任から見ると，リョウさんには一緒に遊ぶような友人関係がほとんどない。グループでの話し合い時でも突然自分の好きな昆虫の話をする。何かを質問すると答えるのに時間がかかるし，答えられないことも多い。マイペースで自分が熱中していることを止められると大声をだす。必然的に，担任のリョウさんにかかわる時間が増え，担任—リョウさんは，「担任が叱る—リョウさんが黙る」というやり取りが多くなった。担任は，リョウさんを他の子どもと同じように理解することに難しさを感じ，〈発達障がい〉があるのではないかと考えた。〈発達障がい〉の枠組みでリョウさんを観察すると，その行動の意味について理解できるように感じた。リョウさんは〈こだわりが強い〉〈人に合わせることができない〉。結果，担任は，リョウさんには発達障がいがあるにちがいないと確信を持つようになった。そこで，担任は支援員のスガノさんに相談して教室に寄ってもらった。支援員スガノさんも，リョウさんを観察し，〈発達障がい〉かもしれないと考え，その旨

を担任に伝えた。

　さて，担任と支援員スガノさん，この2人によってできた関係システムは，言い換えるとリョウさんの最初にできた支援システムであると位置づけられる。担任―支援員スガノさんの関係システムは，リョウさんを〈発達障がい〉の可能性があると枠づけた（意味づけた）。そこで担任はスクールカウンセラー（以下，SCとする）にも相談することにした。SCは，担任から話を聞いて，少し引っ掛かりを感じた。3年生に至るまでリョウさんが問題として挙がったことがなかったからである。SCは教室で観察を行い，教室が少し落ち着きがないこと，担任のリョウさんへのかかわり方が「担任が叱る―リョウさんが黙る」という相互作用に陥っていることに気がついた。放課後，SCは担任に，「発達障がいかもしれないが，親御さんのとらえ方を聞いたり等，手順を踏む必要があるので，ひとまずかかわり方を変えてみたらどうでしょうか」と提案した。今現在のリョウさんへの対応に困っていた担任は，発達障がいを横に置いておくという考え方に同意した。「リョウさんは〈発達障がい〉かもしれないが，元来〈新しい状況に慣れるのに時間がかかる〉のかもしれない。まずは担任がニコニコと何気なく声をかけてみたり，リョウさんの開いている本に興味を示したりしてみたらどうでしょうか」とSCが提案すると，担任は快諾した。SCは，担任の〈リョウさんは発達障がいの可能性がある〉という枠組みをいったん保留してもらい，担任―リョウさんの関係システムに働きかけた。その結果，担任―リョウさんの関係システムが変化し，リョウさんは以前よりも担任の指示に従うようになってきた。もちろん，リョウさんが昆虫の本を熱心に担任に見せたがるというオマケもついてきた。

　ここでは，担任―リョウさん，担任―支援員スガノさん，担任―SCの関係システムが形成されていったことがわかる。

　このような関係システムの網の目の中に，支援者自身も含まれているという自覚が大切である。相手を変えようとするのではなく，自分の持つ枠組みを変えることが相手の枠組みにも影響を及ぼし，それが他の関係システムにも影響する。そのように考えると，問題は自分の枠組みの強固さだったり，自分の枠組みへの無自覚さだったりと考えることができるだろう。支援者自身の枠組みを自覚的に変えることは，簡単そうに見えてなかなか難しい。「支援の選択肢

が少ない」とか，「これしかない」と嘆くよりも，まずは支援者自身の枠組み
を見直すことを優先したい。

④ 時間システム

　時間システム（図2-2）は，自分があれこれ考えている時間の流れに沿って
過去と未来に向かって延びている。身近な例で考えてみよう。自分が主任に提
出した支援計画書について，大幅な修正を指示され，腹を立てながら帰宅し
たとする。夕飯を食べながら，さっきの主任の対応に改めて怒りが再燃してい
った。「あの言い方はひどい」「締め切り前に仕上げたのに一言のねぎらいもな
い」などである。しばらく経ってテレビドラマを見ていると，なんとなく主任
との楽しかった職場のやり取りを思い出した。主任と自分は同時期に今のチー
ムに配属され，チームの現状の問題点に対する意見が一致することが多かった。
このように主任―自分のこれまでの関係性をとらえ直すと，過去の自分の関係
システムは決して悪くはなかったと思う。そう思うと，主任が意味もなく自分
を批判することには少し違和感が生じるかもしれない。「自分の今回の支援計
画書は初めての試みが多く盛り込まれていて，主任はちょっと驚いたかもしれ
ない」「提出前にちょっと相談したら主任は嬉しかったかな」と主任の立場で
考えてみる。「もしかして，主任はちょっと機嫌が悪かったのかな」「子どもが

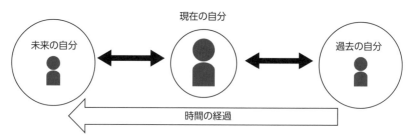

図 2-2　「時間システム」のイメージ

22

ケガしたって言ってたしな」等，主任のその時の気分がどうだったかを想像してみる。こんなふうに，今の自分が過去の自分を振り返って，自分の中で自分と対話することで，新たな相互作用が生じる。いったんは，現在の自分がその時の主任に対して〈ひどい主任〉と枠づけしていても，時間が経つと主任に対するさまざまな視点を発見し，自分に修正を指示したときの主任の態度に〈自分への期待〉という枠組みを見出せるかもしれない。

　また，今の自分は未来の自分ともかかわっている。「明日はちょっと謝った方がいいかもしれない」「主任と会うのは気まずいな」など，今の自分と想定される明日の自分との間で会話が生じる。これは未来の予測である。

　今の自分が，過去の自分を振り返って後悔ばかりの意味づけをする等，苦しい相互作用を繰り返しているシステムもあるし，未来の自分に対して不安ばかりの意味づけを繰り返しているシステムもある。自分は，過去と未来の自分との間で行ったり来たりするのだ。

　時間システムは，このように自分の中で過去や未来と会話が起こることである。それらが積み上がっていき一貫した自分を形成すると言えるだろう。それは時間システムの続く限り可変的なものである。

　先ほどの小学校4年生のリョウさんの支援を思い出してみよう。リョウさんはクラス替えをした新しい環境で落ち着けなくて，常に緊張して不安だった。落ち着きどころを探して自分の好きなことに没頭しようとすると担任から怒られる。言葉で意思を表現したり伝えたりすることが苦手だったので，大きな声を出すこともあった。このように理解すると，リョウさんの好きなことへの没頭や大声は，彼なりの環境に対する適応への努力だったととらえることができる。リョウさんの中では，「今日も怒られてばかりだった」「いやだな，明日は行きたくないな」「でも学校は行かなくちゃいけない」等と，過去および未来の自分との間でさまざまな会話が生まれていたと考えられるだろう。ところが，担任—リョウさんの関係システムが変化することで，リョウさん自身の時間システムの中で，担任は〈怒ってばかりいるイヤな先生〉から〈自分の味方をしてくれる先生〉に変わったかもしれない。担任はリョウさんにとって脅威ではなくなったのだ。

一方，担任はリョウさんを何とか理解しようと，声をかけたり注意したりしてみたが，うまくいかないと感じていた。そしてリョウさんが他の子どもたちと異なっているところばかりが気になり，〈発達障がい〉という枠組みで理解すると納得できるように感じた。支援員スガノさんに話してみると同意してくれた。SC に話してみるとその可能性があるかもしれないと理解してくれたので安心した。しかし，それで担任の困り感がなくなるかというとそうではなく，リョウさんへの対応には相変わらず悩んでいた。すると SC が「ひとまずリョウさんに何気なく声をかけたり，本の話をしてみたりしたらどうか」と言ってくれた。そこでリョウさんが気に入っている昆虫の話をしてみると，いつもは黙りがちなリョウさんがあれこれ話してくれた。話ができるようになると，リョウさんの方から担任に声掛けをしてくれるようになった。担任の時間システムの中でリョウさんは，〈発達障がいかもしれない子ども〉から〈慣れるのに時間がかかる子ども〉に変化したかもしれない。

　時間システムは体験の積み重ね，個人の独自の発達のプロセスととらえることができる。本田（2016）は，自律スキルとソーシャル・スキルという用語で説明し，このような体験の積み重ねを構造化と呼んでいる。そして「何かを人と一緒にやって，良い結果に終わった」という体験を積み重ねることの大切さを論じている。本人の嫌がることを無理強いしないという良好な関係を積み重ねることによって，他者との間で安心できる関係が築けると思えるようになること，他者に相談すると何とかなるかもしれないと思えるようになることの体験につながるのだ。単純な表現をすると，他者との信頼関係を築けた体験を本人の中で積み重ねることが大切なのである。
　わたしたち支援者は，関係システムでかかわる時に，相手がソーシャル・スキルを身につけるべきだという多数派の立場から無理強いしてはいないだろうか。それに対して，時間システムは独自の発達の過程，プロセスがあることを示してくれる。繰り返される相互作用の中で，時間システムを往復しながら積み上げていくのだ。本人に聞いても，それらは簡単に言語化できるようなものではないだろう。しかし，今の彼らの適応への努力はそれまでの体験に基づいているのだ。スキルとして何かができるようになることは大事であるが，一方

でそれができるようになった体験が彼ら自身の中でどのように根づいて，次の体験につながるのかについて支援者が考えてもいいと思われる。

　このように本人の時間システムを想定すると，包括的支援とは関係システムの連携だけにとどまらない。支援者側だけが一致団結した一方向的な支援を，包括的な支援とは呼べないだろう。本人がこれまでどのような体験をしてきたのか，今後どのような体験を積み重ねていくと支援につながるのか，彼や彼女の時間システムを考えることが包括的な支援につながるのだ。

5　おわりに

　システム支援者になるための視点として，「関係システム」と「時間システム」について説明してみた。ここまで読み進めてくださった皆さんは，システム支援者になるための一歩を踏み出せることになる。

　どのような状況や関係においても通用する正しい支援というものはない。藤野（2016）は，発達障がいの人に同化を求めるようになっている支援の現状に疑問を呈し，支援者の側の変化の重要性について指摘している。支援者側も，発達障がいの人々との関係で変わる必要がある。支援技法が「皆と同じふるまいをさせる」ためや，「親の指示に従わせる」ために用いられると彼らの負担は増すばかりである（日戸，2016）。支援者は，社会の一般論に合わせるためという名目で，無限にあるかもしれない選択肢の唯一をベストチョイスだと思い込んでいないか，常に自分に問いかけた方がいいだろう。特に発達障がいを持つ方々の支援においては，私たち支援者の枠組みに合わせようとしすぎることが，支援の選択肢を狭くするかもしれないのだ。

　システム論の視点からは，発達障がいを個人の中にある〈問題〉ととらえず，本人と他者の相互作用で生じている膠着したコミュニケーションであるととらえる。そのようにとらえることによって，これまでとは違った多様な支援を生み出すことができる。しかし，システムはスマートフォンのLINEグループのように目に見える形で存在するのではなく，その時々のコミュニケーションによって成り立っている。可視化することはできないのだ。あくまで，自分の頭

の中で想像するものであるから，どのように考えようと，支援者の自由に任されている。支援者自身が頭の中で自由に動き回れることが大切なのだ。

　そして，青木（2012）の指摘する通り，支援のプロセスの中で，当事者が納得し，自分で決めたことで社会のルールと折り合いをつけられるようになることが難しいけれど重要である。関係システムと時間システムが，本人の中で安心できる体験として積み重なることで，彼らの折り合いがついてくる。小さな支援システムであっても，システム支援者にできることはたくさんある。多様性を認めるとか連携するとか声高に主張するよりも，小さな一歩を確実に踏み出したいものである。

文献

青木 省三（2012）．ぼくらの中の発達障害　筑摩書房

藤野 博（2016）．社会性とコミュニケーションの支援　藤野 博（編著）発達障害のある子の社会性とコミュニケーション（pp. 2-10）金子書房

本田 秀夫（2016）．早期発見・早期教育・親支援はなぜ重要なのか　本田 秀夫（編著）発達障害の早期発見・早期療育・親支援（pp. 2-10）金子書房

日戸 由刈（2016）．家庭で行う社会性とコミュニケーションの支援　藤野 博（編著）発達障害のある子の社会性とコミュニケーション（pp. 12-20）金子書房

山本 智子（2016）．発達障害のある人のナラティヴを聴く──「あなた」の物語から学ぶ私たちのあり方──　ミネルヴァ書房

第3章
現場でシステムを見るための
考え方と実践

1　はじめに　考え方の基礎と応用

　本章では，対人援助の現場でシステムの視点を用いる考え方と方法論について述べる。

　2では，発達障がいのある本人，家族，支援者といった関係者間で起きる多様なやり取りの課題について概観し，「個人の発達特性」と「関係者側の対応・動き」をつながりのある全体としてアセスメントすることの重要性について述べる。そして，支援を行う上で来談者の「問題」と「日常」を，今後につなげるための考え方や，来談者の困りごとと多様なニーズを把握することの大切さについて述べる。

　3では，2の考え方を用いた援助プロセスの具体的な方法論を述べる。「情報収集・仮説設定」では，主に個人面接を前提として，来談者の「問題のとらえ方」と相互作用の関係について述べる。その後の「介入の下地づくり」では，来談者の「問題のとらえ方」から，他の関係者の関与を明らかにし，新たに視点を広げるための質問の仕方を中心に述べる。その後の「介入」では，「介入の下地づくり」のプロセスから，新たな対応のための視点を提示する「リフレーミング」について説明する。

　4では，2と3で述べた基本的な内容に加え，システムズアプローチの応用

的な視点について述べる。③では個人面接を中心に述べるが，発達支援にかかわる関係者へのアプローチは，複数名の来談や他機関へのつなぎなど，さまざまなバリエーションがあることを説明する。

② システム論独自の「ものの見方」

(1) 発達支援にかかわる人々の間で起きていること―システム論の視点から―

発達支援では「発達特性」の評価と，関係者への「特性理解の促進」が重要とされる。支援の現場では，発達障がいのある「本人」と，主な関係者として家族や支援者が登場する（図3-1）。

ここで，この三者関係について，以下のように名前をつけてみよう。

（A）支援者と本人
（B）支援者と家族
（C）本人と家族

支援の現場では，本人への対応を巡り，関係者間でさまざまな課題が起きる。少しそれらの課題について触れてみよう。

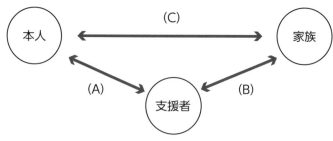

図3-1　本人，家族，支援者の関係

（A）支援者と本人のコミュニケーション　療育的対応の不在・マニュアル化の課題

　発達特性への療育的対応の重要性が社会的に認知されてきた一方で，支援者から発達障がいのある人たちへの療育的対応がなされないこともある。具体的には，「発達障がい」の認知度が上がったことで，発達障がいの「診断」を現場の支援者が過度に参照することで，これまで当たり前のように行われていた子どもの個別性に配慮した対応が行われづらくなっているという課題がある。また，発達特性への対応の基礎的な認知度が上がることで，逆説的に特別支援教育で子どもへの対応がマニュアル化され，画一的な対応がなされることが課題となっている。また，近年民営化が進む放課後等デイサービスで，子どもにテレビなどを見せるだけで発達特性への対応が行われないことや，未診断やグレーゾーンとされる人々が，診断を前提とした支援を受けられないこともある。また，青木・村上（2015）は，ASD（自閉スペクトラム症）の症候群として指摘される「社会性の障害」「コミュニケーションの障害」が，発達障がいについて理解していない支援者側の問題でもあることを指摘している。

（B）支援者と家族のコミュニケーション—家族支援の動向と課題①—

　近年，発達障がいのある人の家族支援の重要性も指摘されている。主な家族支援に，ペアレントトレーニング（以下，PT）がある。PTは，家族が発達障がいのある子どもへの対応を学び，実践するためのプログラムである。PTは，クライエントの問題行動の抑制や，親同士の孤立感の解消，自信回復などの効果がある一方，プログラムである以上，個別の発達特性への対応の困難さや，継続講座からのドロップアウトなどが課題である。他のPTの課題として，実践には高い専門性が必要で普及しにくく，より簡易なプログラムが模索されている（発達障害情報・支援センター，2016）。

　また，PT以前の問題として，中田（2018）は支援者が「子どもの障害受容」を保護者に伝える際は細心の注意と配慮が必要であり，支援自体が二次的な苦痛を生む可能性があることを指摘している。ほかにも，対応不足の支援者と保護者との軋轢はさまざまな現場でしばしばみられる。このように，本来協働すべき家族と支援者の連携がうまくいかず，結果的に支援が本人に届かないことが課題として挙げられる。

（C）家族と本人のコミュニケーション―家族支援の動向と課題②―

　これまで日本では，療育は専門家の仕事という認識が強く，PT の存在も近年になり知られるようになったばかりである（尾崎・三宅編，2016）。同様に，家族支援についても近年実践報告が増えている。本田（2021）は，親の育て方で発達特性が生じることは一切ないが，親の対応は発達特性のある子の予後に影響を与え得ると述べている。宮尾（2015；2021）も同様の指摘をし，家族内で発達特性のある人への対応の同意が得られない時や，他に発達特性のあるメンバーがいる場合，通常の療育に加えて，家族ケアを受ける必要性を述べている。

　逆に言えばこれらは，家族の対応によって発達支援がより有効になる可能性を示すものである。しかし，一方でこれらの知見は，「家族が発達障がいの原因」という誤解を生じさせ，不要な心的負担を増やすリスクもある。そういったリスクを避けるために，支援者は「家族と本人」という視点だけではなく，より広い視野の下に家族と本人の相互作用を見立てることが重要である。

　さて，これまで述べた課題は，「本人の発達特性の問題」に，「発達特性を巡る関係者の意向や対応の違いによる問題」が加わり，事態が複雑化していることを示している。また，発達支援においては，療育の担当者，保育園や学校の教師，医療関係者など，複数の関係者が支援にあたることも少なくない。そのため，「支援者の連携・つなぎ」という課題も生まれてくる（図3-2）。

図 3-2　支援者と支援者の関係について

（D）支援者と支援者のコミュニケーション　多職種連携と「つなぎ」の課題

　発達支援は，ライフステージごとに本人の情報を次の関係者・支援者に引き継ぐことや，専門職同士の多職種連携が重要だが，そこには多くの課題が存在している。

　主な「つなぎ」の問題として，発達障がいのある人のライフステージの移行期に支援者同士の連携が途切れうることが挙げられる。例えば，思春期に心理職が「話を聞くだけで何もしない」ことで，社会人になる段階で問題が発生することについて，福祉職からの批判が出ていることが挙げられる（辻井，2014）。一方，キャリアカウンセラー（以下，CC）の視点からは，CC養成講座内に，発達障がいに関する内容が少ないことから，大学のキャリア窓口で発達特性のある学生の支援に困難を感じていることが指摘されている（清水，2018）。また，制度上の問題として，医療と教育・福祉の連携が，診療報酬の対象になっていないことで，専門家同士の連携が促進されにくいという事情もある（本田，2020）。

　このように，実際の発達支援の問題には，「発達特性そのもの」への対応に限らず，関係者間のやり取りの不在・ズレが関与している。ここまで，課題ばかり述べてきたので，いささか暗い気持ちになってしまったかもしれない。しかし，ここで強調したいシステム論のミソは，ある部分の変化がある部分へ波及する点である。つまり，「発達障がい」に関する問題が関係者同士の相互作用の中で生じているとすれば，支援者がその相互作用を把握し介入することで，「発達障がい」にかかわる問題が解消される可能性がある。

　日原（2017）は「『発達障害』の『リハビリテーション』の『マネジメント』」として，子どものさまざまな「発達課題・発達特性」に対し，医師が理学療法士，作業療法士，言語聴覚士などのさまざまな専門職を指揮して療育を提供するネットワークの重要性について述べた。確かに，そういった豊富な人材や，TEAACHのような国や州レベルでの巨大なネットワークに基づく支援を提供できることが理想的である。しかし，本人や家族，現場の支援者たちが，理想的なネットワークの中に入るには，まだまだ時間がかかると考えられる。

　現実的には，通常の支援のネットワークにすらつながることが難しい人々へ

の対応をするためのつなぎや，関係者間の調整を行うことが，市井の支援者が直面する喫緊の課題である。そのために，システムズアプローチの考え方は，関係者間のつながりを作り・作り直すための一助となる。

(2)「問題」と「日常」の違いについて─「問題」に隠れた「日常」─

　これまで，発達障がいにまつわる問題には，本人と家族，そして支援者のコミュニケーションが関与することを述べた。ここでは，支援を行う上での見立てのために，「問題」と見なされる関係者のコミュニケーションから，「日常」のコミュニケーションを見つけ出す重要性について述べる。

　発達支援の現場で，支援者は来談者の「問題」を把握しようとする。しかし，(1)で述べた「問題」とされるコミュニケーションは，彼らの日常生活の中のごく一部であることを，支援の場面では忘れがちになる。相談という場は，日常生活の中の「問題」を強調して話す場であり，支援者は「問題」へ対応することを期待され，「問題」以外の話題を話すことを求められていない。そのため，支援者や関係者のやり取りや視点が「問題」の話題に縛られやすい。しかし，来談者の日常生活は，さまざまなやり取りにあふれているはずである。そして，「問題」が見られない「日常」の，何気ないやり取りがシステムズアプローチにおいては重要なリソースとなる。

　例えば，かんしゃくを起こす子どもも，24時間かんしゃくを起こしていることはなく，ある状況下では機嫌よく反応したりする。また，「子どもの対応に困惑し疲れきっている保護者」であっても，ある状況ではオリジナルの知識でうまく子どもへ対応をしている。はたまた，ある関係者がある保護者を「子どもに関心がない」と語ったとしても，その保護者が子どもと遊んだり，育児に参加する瞬間もゼロではなかったりする。

　そのような「日常」のコミュニケーションは，来談者たちにとってある意味で当たり前のことであるため，意識されていない場合も多いが，支援のためには重要な情報である。そのため，支援者は意図的に「問題」として語られる話題以外にアンテナを張り，積極的に「日常」と「問題」の違いを探し出す必要がある。

　そうでなければ，「主訴としての発達特性・問題行動への対応のみ」など，限られた場面にしか支援者の焦点が合わず，対応が固定化・画一化するリスクがある。そのため，「木を見て森を見ず」といった対応にならないように，「問題」の前後の状況や，その他の場面との関連性の中で問題を考える必要がある。

(3)　主訴と多様なニーズ

　一般的に，相談に来るほど困った状態での来談者は，目下の「問題」について話すことはできても，「問題」にかかわるほかの困りごとの整理は難しい。目の前の「問題」の対応に追われ，疲弊する中で，これからの未来についての期待や見通しを持ちづらくなっている。そのため，「問題」にかかわる状況に加え，来談者のこれからの展望や期待について，やり取りの中で支援者が積極的に整理することが重要である。

　例えば，「子どものある行動への対応」を主訴として保護者が来談した場合を考えてみよう。その場合，相談の場での話題は「子どもの行動」が中心になりやすく，行動が起きる詳しい状況や，本人の「発達特性」について語られることが多くなるだろう。一方で，「子どもの行動が関係者の中でどう扱われているか」「行動への対応をどのように関係者と共有するか」「来談者は，関係者に子どもをどうサポートしてほしいと期待しているのか」といった視点は，支援者が積極的に質問をしない限り，明らかになりにくい。これらの視点は，目下の「問題」に手を取られている状態では，改めて考える余裕がない事柄である。逆に言うと，支援者が，上記のような視点で質問を行うことで，「主訴」に固定されていた視野が広がり，新たな対応の検討ができる可能性が生まれる。

　当初の主訴の周辺の話題だけ扱うことは，来談者と支援者双方の視点を狭める。支援者が積極的に来談者のニーズを探ることは，システムズアプローチを行う上で必須の考え方である。

⑷ 相互作用の区切り方―パンクチュエーション―

　あるコミュニケーションの相互作用のある部分を切り取って表現したり，強調して意味づけたりすることを「パンクチュエーション」という（Watzlawick, Bavelas, & Jackson, 1967 山本監訳 尾川訳 1998）。これは，ある相互作用がまったく同じものであっても，それを区切る箇所によって異なる意味づけができるという考え方である。少々わかりにくいので，具体例を述べる。

　ある母親が，4歳の息子ユウタさんの「衝動性と発達の遅れ」について相談に来た。話によると，ユウタさんはいつも姉が遊んでいるおもちゃを取ろうとして，姉が拒否すると怒り出し，姉を叩くのだという。そうすると，母がユウタさんを叱り，いったん収まるが，また同じようなことが繰り返される。母は，ユウタさんについて「姉が嫌がっているのに，衝動的でガマンができないのが心配。人の気持ちを理解できないのではないか」と語った。

　ここで，問題が起きている場面の相互作用を整理すると以下のようになる。

・相互作用の概要
【A．姉：一人で遊ぶ→B．本人：姉のおもちゃを取る→C．姉：本人を拒否する→D．本人：姉を叩く→E．母：本人を叱る】

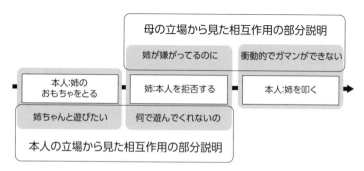

図 3-3　相互作用についてのパンクチュエーションの違い

　ここで，最も基本的なパンクチュエーションの考え方についての説明をしてみよう。

　もし，先の相互作用の状況でユウタさんに声をかけたら，どんな反応が返ってくるだろうか。例えば，ユウタさんが「お姉ちゃんと遊びたいのに，何で遊んでくれないの！」と言ったとする。ここで，母の「姉が嫌がっているのに，衝動的でガマンができない」という語りを思い出すと，ある一つの出来事（相互作用）について，異なる説明（枠づけ）がされていることがわかる。

　図3-3 は，ある一つの例として関係者がこの相互作用の中の一部分に着目し，自らの立場で区切って考えること（パンクチュエーション）を説明するための図である。私たちは日常的に，目の前の出来事をわかりやすくするために，出来事の因果関係を「原因→結果」と位置づけて説明することが当たり前になっている。学校で習う勉強や，ネットの情報，科学的な知識でさえも，ある現象の説明として「○○によって，××という結果になった」という表現のように，相互作用の一部分だけに因果関係をつけて説明しようとする。そして，そんなものの見方は，私たちの生活に浸透しており，一定のものの見方は，まるでその因果関係のみが真実であるかのように受け取られて，定式化した対応を生むことにつながる。この対応が不適切で問題を持続させているのであれば，新たな見方と対応を模索する必要がある。

　ここからは，このパンクチュエーションの視点を，支援に応用する際の例を示すことにする。

　支援者が母から話の前後にあったことをより詳しく聞いていくと，以下のような相互作用が明らかになった（p.44「1）その，一つ前，一つ後ろは？―仮説の進化―」にて詳述）。

・相互作用の詳細
【a．姉と本人：一緒に遊ぶ→b．姉：本人から離れておもちゃで遊ぶ→c．本人：姉をのぞき込む→A．姉：一人で遊ぶ→d．本人：姉の髪を引っ張る→e．姉：振り払う→B．本人：姉のおもちゃを取る→C．姉：本人を拒否する→D．本人：姉を叩く→E．母：本人を叱る】

下線部は，初めの母の語りからは得られなかった情報である。ここで，連続する相互作用を「区切る」ということについて説明する。

　例えば，この相互作用を，以下の3パターンで区切ってみよう。

① 【B．本人：姉のおもちゃを取る→C．姉：本人を拒否する→D．本人：姉を叩く】
② 【c．本人：姉をのぞき込む→A．姉：一人で遊ぶ→d．本人：姉の髪を引っ張る】
③ 【b．姉：本人から離れておもちゃで遊ぶ→c．本人：姉をのぞき込む→A．姉：一人で遊ぶ】

　①は，母の意味づけと同様，「ユウタは衝動的，発達が遅れている」などと言い表せるかもしれない。では，②はどうだろうか。「ユウタは姉の気を引こうとしている」と意味づけることができるだろう。③については「姉がユウタのサインに気づいていない」などと意味づけることができるかもしれない。

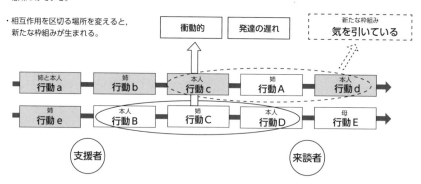

図 3-4　パンクチュエーション

　このように，プロセスとしての相互作用を，どこを起点に因果関係として区切る・切り取るかによって，違った見え方になることが，パンクチュエーションの考え方である（図3-4）。

　例えば，先述の例の場合，母が「叱る」という方法で対応しているところに，②の区切り方を採用し，「本人は姉と遊びたがっているが，適切な方法がわからない」という見方を支援者が提示する。その見方が母の腑に落ちれば，「本人が姉の髪を引っ張り出す前に，姉に『遊ぼう』と言うスキルを教える」という対応が生まれる。また，③の見方を採用し，「ユウタさんがエスカレートしないように，姉にも予防方法を教えてあげる必要がある」と伝え，「ユウタさんが姉をのぞき込んだら，姉に『ユウタさんが見てるよ』と気づかせてあげる」という方向性も考えられる。

　大切な点は，「支援者があれもこれもという恣意的な考えができる」ということではなく，「実は誰々が原因だ」「こちらの視点が正しい，優れている」と悪者探しや説教をすることでもない。一定の相互作用に対する来談者の枠組み（意味づけ）が変われば，新たな対応を検討する可能性が生まれるということである。そして，その視点はのちに述べるリフレーミングの入り口になる。

　まとめると，パンクチュエーションを打ちかえるためには，「問題」とされる相互作用を把握した上で，「関係システム（現状の関係者の相互作用）」と「時間システム（これまでの経緯のエピソード）」から，新たな視点が生まれるエピソードを探し出す必要がある。これについては，③で詳しく解説する。

(5)　パターン化された相互作用─「金太郎アメ」を探す─

　システムズアプローチでは，「繰り返される相互作用」を「パターン」と呼ぶ（中野・吉川，2017）。ある問題とされる相互作用（相互作用Aとする）は，他の日常場面に波及し，似たような相互作用（相互作用Bとする）を生み出す（吉川，1993）。つまり，「問題」とは違う場面でも，「どこを切っても同じ顔」の金太郎アメのように，似たような関係者の動き方が起きやすくなる（図3-5）。

　具体的な事例で考えてみよう。

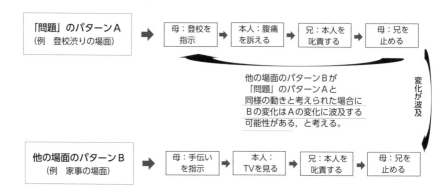

図 3-5　金太郎アメのパターン

　ASD のある中学 1 年生のリュウジさんが，不登校傾向となった。特に学校で明確な問題はないが，登校前になると「過去にいじめられたことを思い出して怖い」と訴える。「過去のフラッシュバック」ではないかと関係者は考えていた。リュウジさんの母によると，登校に関しては，以下の相互作用 A が見られるとのことであった。

相互作用 A

【母：本人に登校の意思を確認→本人：「お腹が痛い」or「学校が怖い」と迷う→母：語気を強める→兄：本人を叱責する→本人：うろたえる or 泣きそうな顔をする→母：兄を止め，本人へ「今日は休め」……】

　話が進む中で，日常場面で以下のような相互作用 B が起きていることが明らかになった。

相互作用 B

【母：本人に風呂掃除を指示→本人：ぼーっとテレビを見る→母：語気を強める→兄：本人を叱責する→本人：慌てて取り掛かる or 泣き出す→母：本人の掃除を代行する……】

ここで，この相互作用Bを，先ほどの相互作用Aと比べてみると，「母が本人に働きかけるが，本人が応じず，兄が本人に介入し，母が兄を止め本人への働きかけが止まる」というパターンが繰り返されていることがわかる。このように，場面が変わっても金太郎アメのように同じような姿形の相互作用が見つかることがある。システム論の重要な視点は，相互作用Bが変わると，その変化が相互作用Aに波及する可能性があることだ。臨床的には，相互作用Aへの介入が難しい場合，これまでの経緯や他の場面で相互作用Bを見つけ，介入することで，結果的に相互作用Aに変化を生じさせることができる。この利点は，対応の柔軟性が向上し，選択肢が増える点である。金太郎アメのパターンを来談者の話の中から見つけ出し，問題のパターンとの比較の上，治療的な方針を示すことができれば，変化のバリエーションが増える可能性がある。

留意点は，あくまでパターンは「支援者サイドの見方」であり，来談者がそのように見ているとは限らないことである。よって，相互作用Bへの介入は，支援者が恣意的に行うのではなく，介入の必要性を来談者が納得したり，相互作用Bの変化によって来談者の他のニーズを満たせる可能性が共有された場合などに行う必要がある。そうでなければ，支援自体が「余計なお世話」「支援者の独善的な対応」になってしまうためである。

③　システム論を実践に応用するためのガイドライン

(1)　情報収集・仮説設定―相互作用的な見方の基本―

発達障がいにかかわる問題を関係者のシステムから見立てるためには，「質問」や「観察」から，行動レベルの仮説を立てることが基本となる。ここでは，個人を対象とした言語面接を前提に，支援者が質問技法を用いてどのように仮説を立てるのかについて解説する。

1）　問題発生から現在まで―情報収集の基本①―
どのような支援においても，「問題発生」の経緯について整理することは，

基本事項である。ここでは，問題への「解決努力」と問題以外の「日常」についての情報収集について述べる。そして，集めた情報をどのように考え，活用するかについて述べる。

　問題の経過を整理する上で，「解決努力」という考え方がある（Fisch, Ray, & Schlanger, 2010 小森監訳 2011）。「解決努力」とは，ある「問題」に対し，関係者がこれまでに試みた対応のことである。そして，そういった対応にもかかわらず，「問題」が現在でも維持されている，という考え方をする。

　具体例を考えてみよう。

　ある小学校。1年B組のケイスケさんが授業中の離席を繰り返し，担任が叱っても収まらない。ケイスケさんは，ADHDの診断がある。離席がはじまったのは，5月の連休明け，全員の気が緩みだしたころである（問題発生）。新任の担任は，ケイスケさんを強く叱り，しばらくは収まるがまた離席，を繰り返していた。担任の様子を見た学年主任は，「ケイスケさんを褒めて伸ばすように」と指導したが，担任は不服そうに「わかりました」というだけだった（解決努力①）。その後，6月に担任はケイスケさんの母へ連絡を取り，「成長が見られないので，家庭でも指導をしてほしい」と伝えたところ，家庭でケイ

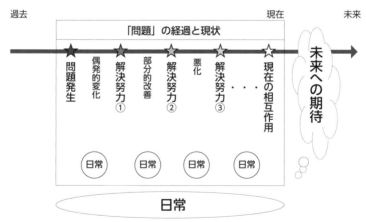

図 3-6　解決努力と現状の相互作用の関係

スケさんへの叱責が増えた（解決努力②）。その状況を知った学年主任と教育相談主任は，担任を呼び出し，「ケイスケさんの自尊感情を上げるために，母親に良いところを伝えるように」と説教したが，担任は泣き出しそうな顔で黙ってしまった（解決努力③）。その後担任は，以前よりも強くケイスケさんを叱るようになり，学年主任は担任に指導がしにくくなり，同じことが繰り返されている……。

　この事例のように，ある対応が繰り返されている経過には，関係者たちの改善を意図した働きかけが含まれている。その働きかけを整理することには，同じ対応を繰り返さないためや，これまでの関係者の労をねぎらう効果がある。また，「解決努力」は「偽解決（ぎかいけつ）」とも呼ばれ，現状の相互作用は，過去の無効な対応が現状の「悪循環」の一部となっているとも考えられる（図3-6）。

　留意点は，関係者の「解決努力」を批判的に扱わないことである。多くの場合，支援者が関係者の改善の努力を否定的に評価し，対応を変更しようとしてもうまくいかない（安江，2016）。そのため，「解決努力」はあくまでも関係者の改善の意図に基づくという視点が重要である。

　また，「問題」とされる相互作用以外の来談者の日常がある（②参照）。「問題」の経緯を追うと，偶然の変化や解決努力による部分的な改善・悪化など，「問題」の相互作用に揺らぎが見られることがある。この例では，担任が休み時間にケイスケさんとアニメの話をした後は，離席が少ないというエピソードがあるかもしれない。また，図工や音楽など，座学ではない場面では問題が起きていない可能性もある。そのような何気ない日常場面の相互作用を，支援者が積極的に探し出す必要がある。

　加えて，システムズアプローチでは，経過そのものの情報をどのように扱うかが重視される。一般的な対人援助においても，経過や事実関係の整理は必要である。システムズアプローチでは，整理のみが目的なのではなく，現状の相互作用の変化につなげるための評価という視点が重要である。現状の「関係システム」と「時間システム」の関連を考えるのである。

　例えば，解決努力がどのように現状の相互作用にかかわっているのかを考えてみる。すると，現在の相互作用が形成された前提や，関係者の取り組みにも

かかわらず変化が難しい相互作用の箇所を推測できる。また，来談者のこれまでの対応の前提になっている考え方を把握することで，来談者のニーズや未来への期待を共有することができ，来談者の現状に沿った対応を考えることができる。加えて，「日常」の相互作用についても，「問題」の相互作用との違いや，すでにある行動レパートリーを把握することで，来談者が動きやすい方向性を考えるための一助となる。

　このように，問題経過の整理は，現状の相互作用との関係を考えながら行うことが重要である。

2）　それで，どうなった？―情報収集の基本②―

　システムズアプローチにおいては，ある状況の関係者の具体的なやり取り（相互作用）を類推・明確化できるように聞き取ることが重要になる。

　ここで，②のp.34（パンクチュエーション）の相互作用をもう一度見てみよう。

【A．姉：一人で遊ぶ→B．本人：姉のおもちゃを取る→C．姉：本人を拒否する→D．本人：姉を叩く→E．母：本人を叱る】

　上記の相互作用について，実際の面接で仮説を立てるプロセスを，以下に示す。

　支援者（Th）と母の会話である。

母 ：最近，息子ユウタの衝動性が心配で。気に入らないことがあるとすぐに手が出て，いつも姉とケンカになるんです。

Ｔｈ：最近ではどんな時にケンカになりましたか？

母 ：例えば，家で姉がおもちゃで遊んでいるとき（A）に，彼が近づいていって，姉を叩く（D）んです。

Ｔｈ：あらら。

母 ：私が引き離してカミナリを落とす（E）んですけど，癇癪を起こしたり，泣き出したり，手が付けられないんです。

Ｔｈ：はあはあ，そして？

母　：しばらくすると落ち着くから，いつも「あんなことしたらダメよ」と言い聞かせて「わかった」と言うんですが，いくら言ってもまたやるので。

Ｔｈ：それは大変ですね。その，お姉ちゃんが遊んでいるときに，彼はいきなりお姉ちゃんを叩くんですか？

母　：いきなりってことはないんですけど，ユウタが姉のおもちゃを取ろうとして（B），姉がイヤ！（C）って拒否したりすると，ヒートアップして叩く（D）感じで……。

　このように，ある「問題」とされる行動を具体的に聞いた後に，関係者がどのような状況でどう対応しているかを整理し，出来事の前後関係を仮説化する（図3-7）。この仮説を念頭に置きながら，以後の面接を展開していくことが支援の基本になる。

　(2)では，設定した仮説をもとに，視点を広げ，仮説を精緻化するプロセスについて述べる。

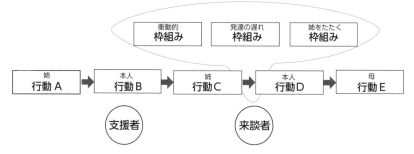

図 3-7　個人面接における相互作用の把握

⑵　介入の下地づくり―新たな対応の可能性を探る―

「介入の下地づくり」とは，情報収集により設定した仮説を発展し，後の介入につながる新たな視点の探索や小さな変化を生み出すプロセスである（吉川，1993；中野・吉川，2017）。介入の下地づくりにはさまざまな方向性があるが，ケースの状況ごとに使い分ける必要がある。本項ではいくつかの具体例としての質問法について述べる。

1）　その，一つ前，一つ後ろは？―仮説の進化―

「パンクチュエーション」（p.34）でも述べたように，「問題」の相互作用の詳しい前後関係，つまり，明らかになっている行動の一つ前や，一つ後ろの出来事を聞くことが，「問題」に関する新たな視点を生むことがある。

ユウタさんの事例の続きとして，以下の仮説を明確化していく過程を示してみよう。

【A．姉：一人で遊ぶ→B．本人：姉のおもちゃを取る→C．姉：本人を拒否する→D．本人：姉を叩く→E．母：本人を叱る】

（p.43 のやり取りの続き）
Ｔｈ：彼は，お姉ちゃんと遊ぶときは，いつもすぐに手がでてしまうのですか。
母　：いえ，いきなりということはありません。二人で一緒に遊ぶときは楽しそうにしてる（a）んですが，姉の方が飽きて一人で遊びだした（b）ときが多いですね。
Ｔｈ：はあはあ，お姉ちゃんが一人で遊びだすと，まず彼はどうするのですか？
母　：えーと，姉に近づいていって（c），姉の方をじーっと見ています。
Ｔｈ：お姉ちゃんは，どのタイミングで彼に気づきますか？
母　：えー，どうだろう。大体気づかずに遊び続けるかな。だから，姉の髪や服を引っ張ったり（d）するんです。
Ｔｈ：あら，するとお姉ちゃんは？

母　：「やめて！」って振り払う（e）んですけど，ユウタが怒っておもちゃを
　　　取ろうとしたりして，姉も拒否して，叫んだり，姉を叩くんです。
Ｔｈ：そうか，だんだんエスカレートするんですね。
母　：はい，姉の気を引きたいんですかね……。

　このように，相互作用を詳細に聞いていくと，前述の仮説が以下のような順
番だったことがわかる。

　　　【a．姉と本人：一緒に遊ぶ→b．姉：本人から離れておもちゃで遊ぶ→
　　　c．本人：姉をのぞき込む→A．姉：一人で遊ぶ→d．本人：姉の髪を引
　　　っ張る→e．姉：振り払う→B．本人：姉のおもちゃを取る→C．姉：本
　　　人を拒否する→D．本人：姉を叩く→E．母：本人を叱る】

　パンクチュエーションで述べたように，相互作用のプロセスがわかると，そ
の相互作用自体の見え方が変わってくる。この例では，母の枠組みが「衝動
性」⇒「気を引きたい」に変わっていることがわかる。このように，詳細な相
互作用を整理することは，来談者があまり意識しないことを検討するチャンス
になりうる。

2）　他に，かかわっているのは誰？―情報収集の基本③　他の関係者を明らかにする―
　1）の例では，ある「問題」が「本人，母，姉」の間で起こっているように
見えるが，他の関係者の関与を聞くことで，より広い視点で問題が見えるよう
になる。以下は，1）の続きとしての具体例である。

Ｔｈ：それは大変ですね。ご主人はその時いらっしゃる？
母　：いないことが多いですが，旦那がいるときは，私が叱っても止まらない
　　　時に私よりも激しく怒るので，私が言うのも何なのですが，見てて心配で。
Ｔｈ：あらら，もしかして（右手をグーにして）出ちゃいますか？
母　：（笑って）そこまではないですが，怒鳴ったり，雑誌とかを丸めて頭を
　　　叩くことはありますね。子どもは旦那の言うことは聞きますが，それこそ

発達が心配で……。

Ｔｈ：そうかあ，ご主人にはそのご心配を伝えられた？

母　：いえ，言えてないんです。どう伝えればいいかわからなくて……。

　このように，先ほど三者関係の中で起きていると考えられた問題状況が，他の関係者の関与を聞くと，より詳細に（異なった視点で）見えてくる。続きを見てみよう。

Ｔｈ：こだわりについて，ここ以外に他にも相談されたことはありますか？

母　：通っている保育園ではそういったことは無くて，おとなしすぎるぐらいだって。でも，そのうち園でも同じようなことをやるのではないかと不安で……。療育にも通っているのですが，姉にやさしくできたらビスケットをあげるとか，アドバイスを受けてやってみたのですが，しばらくは収まったけど，なんかモノで釣ってるみたいで，やめちゃいました。姉のほうにも，弟がそうなったら逃げるように言ってるのですが……。

　このように，解決努力の末に，ある「問題」が関係者間の相互作用で維持されているという理解が可能になる。

3）　その人の，他の顔は？―「問題」から「日常」を探し出す―

　ここでは，「問題」とされる相互作用の裏に隠れがちな，日常の相互作用をどのように見つけるか，また，「問題」からどのように視点を移動するかについて述べる。まずは，具体例を見てみよう。

　ASD の診断がある小学 3 年生のハナコさんが，学校の廊下でうずくまり，動かなくなるという行動がみられるようになった。担任や母からの聞き取りによると，相互作用は以下のようなものであることがわかった。

学校での相互作用

【本人：廊下でうずくまる→先生：何がしんどいの？→本人：わからない→先

生：本人をなだめて対応し，母へ報告→……本人：廊下でうずくまる……】

家庭での相互作用
【母：本人へ何がしんどかったのか聞く→本人：「わからない」→母：本人と
やり取りをやめ，父と話す
→父：「ワガママじゃないの？」と話を終える→母：（登校前に本人へ）今日は
行ける？→本人：うん→父：外出前に本人の登校を促す→本人：黙ってうなず
く……本人：廊下でうずくまる……】

　母は，加えて，「朝の父のハナコへの声掛けは強く，本人は父を怖がってい
るかもしれない」と語った。

　このやり取りだけを見ると，巷でよく耳にする「本人に対して，母の関与が
多く，父の関心が少ない家族」というステレオタイプ的な印象が頭をよぎるか
もしれない。しかし，このような印象は，システムズアプローチにおいては仮
説と呼ぶことはできない。あくまでも，どんな状況でどんな相互作用が起きて
いるかを考える。
　②で述べたように，私たちの日常生活は，多くの人との相互作用で成り立っ
ている。その中には，目につくものもあれば，何気なく意識されないものまで，
多種多様である。相談現場は，「問題」について語る場所であるからこそ，支
援者は意識的に「問題」から外れている相互作用を見つけ出す必要がある。
　より実践的には，来談者の話を聞く中で，「問題」に関する枠組みとは異な
る枠組みが語られたときに，その話題を広げることも含まれる。この事例の相
互作用の続きとして，例を示す。

ＳＣ：では，日常生活の中でもお父さんは，ハナコさんに怖がられている？
母　：いや，そういうわけでもないんです。一緒にゲームなどもやりますし。
ＳＣ：あ，そうなんですか？
母　：はい，二人ともゲームが好きなので，二人で盛り上がったりもしてます。
ＳＣ：へぇー，どんなふうに？

母　：なんか，ギャーギャー言ってますね（笑）。「パパ何してんの」とか，聞こえてきます。

ＳＣ：そうなんですね，お母さんもゲームするんですか？

母　：いや，私は下手なので，見てるだけです（笑）。ゲームとかアニメは主人の方が詳しいので，アニメグッズの店に連れ出すとかもしてくれますね。

ＳＣ：そうか，お父さんの得意分野もあるんですね。

母　：そうですね，私が本人を買い物に誘ってもこないのに（笑）主人の言うことの方が聞く場合も結構あるので。

ＳＣ：ほうほう，どういったことで？

母　：そうですねぇ……家のことなんですけど，私がお皿とか運んでって言っても「イヤだ」とか言うんですが，主人が言うと素直に聞いたりとか……。

　このやり取りから，新たに以下の相互作用が明らかになった。

【父：本人と遊ぶ→母：そばで見ている……母：本人に指示→本人：断る→……父：本人に指示→本人：応じる】

　このように，「父は仕事で忙しい，本人が父を怖がっている」という母が語る枠組みだけで状況を理解しようとすると，実際に何が起こっているのかを見逃す可能性がある。この例では，「うずくまる」という問題と，それ以外の日常場面での父と本人の相互作用が異なるものであることが明らかになった。このように，問題から支援者を含む関係者の視点を移動させることは，新たな対応を生み出すための下地になる。

4）　誰に，どうして（どうなって）ほしいか？―関係者への期待を翻訳する―

　現状の相互作用を把握した後は，現状が「どう変化してほしいのか」について探る必要がある。これは，本人の「発達特性」への対応にとどまらず，来談者を中心とした関係者に「どうしてほしいのか」「どう理解してほしいのか」といったことを，支援者がやり取りによって明らかにしたり，類推したりすることが重要になる。

具体例を考える上で，ハナコさんの事例の続きを見てみよう。

Ｔｈ：……改めてお聞きしたいのですが，お母さんとしては，ハナコさんがど
　　　うなってくれるとよいとお考えですか？

母　：まずは，自分の気持ちを言葉にできるようになってくれるといいなと思
　　　うのですが。聞いても「わからない」ばっかりだし，どう対応してあげれ
　　　ばよいのかなと。

Ｔｈ：なるほど。お父さんに対しては，本人へこう対応してほしいみたいなお
　　　考えはありますか？

母　：そうですね，主人にも「うずくまり」のことは伝えていますし，そのこ
　　　とについてもっと声掛けをしてほしいという気持ちはありますね。

Ｔｈ：どういうふうにお父さんから声をかけてもらうと，ハナコさんにとって
　　　よさそうですか？

母　：えー，どうだろう。うーん……「何かあったら，いつでも相談してな」
　　　とかですかね？

Ｔｈ：ああ，いいですね。そのようにお父さんにお願いしたことはあります
　　　か？

母　：いや，ないですね。主人がどこまで子どものことを考えているんだろう
　　　とか，うまく言ってくれるかなとか，いろいろと考えてはいるのですが
　　　……。

　この例で言うと，当初の主訴とニーズが，以下のように視点が広がっている
ことがわかる。

「子どものうずくまりへの対応」→「子どもに気持ちをしゃべれるようにな
ってほしい，父へ対応を変えてほしい」

　このように，介入の下地づくりの中では，来談者の主訴が当初のものから変
化・発展する場合がある。当初の主訴の枠組みを広げたり，主訴の枠組みと関
連するような新しい枠組みを質問によって共有することが重要となる。それに

より，「発達特性への対応」に加えて「関係者間の対応に関する課題」に取り組み，「問題」の改善につなげることができる可能性が生まれる。

(3) 新たなつながりに向けて―リフレーミング―

　リフレーミングとは，「フレーム（枠組み）を変えること」と訳され，システムズアプローチにおける中心的な介入技法である（東，2013）。リフレーミングは，「問題に関する相互作用」についての来談者の枠組みを変更し，相互作用が変化する，つまり，実際のやり取りが変化する方向性を意図して行う必要がある。

　以下に，本章で登場した事例で，リフレーミングの具体例を示してみよう。

ユウタさんの事例（p.34）

　母が本人の「衝動性」に対し「叱る」という方法で対応しているところに「本人は姉と遊びたがっているが，適切な方法がわからない」と支援者がリフレーミングした。その見方が母の腑に落ちれば，「本人が姉の髪を引っ張り出す前に，姉に『遊ぼう』と言うスキルを教える」という対応が生まれるかもしれない。

リュウジさんの事例（p.38）

　母の語りより，本人の「不登校」の場面と，「家の手伝い」の場面の相互作用がパターン化していると仮説が立てられた。母は，「再登校」に加えて，「兄に叱られて落ち込んでいる様子」から「本人が自信を無くしていることが心配」と語った。そして母は，「手伝いなど，自分でできることを増やしてあげたい」と語った。

　支援者は，「再登校の前に，自分でできることを増やし，自信をつけさせてあげることが必要」と語った。その見方が母の腑に落ちれば，「本人に手伝いをやらせるために，兄とどう話すのか」「他に本人ができそうな手伝いはあるか」という対応についての話し合いになるかもしれない。

ハナコさんの事例（p.46）

　母が父について「本人が父を怖がっているかもしれない」と枠づけたことに対し，支援者は「父と本人がゲームで遊ぶ」エピソードを引き出し，「本人は父の言うことを聞く」「父から本人へ声かけをしてほしい」という枠組みを引き出した。そして，支援者は「父の本人に対する影響力が大きい」とリフレーミングした。

　その見方が母の腑に落ちれば，「どのように母から父に協力を依頼するか」という新たな面接展開に移行するかもしれない。

　このようにリフレーミングは，さまざまなプロセスの中で行われる。一般的には，「問題」とされる行動を探し，単純に言い換えるだけの例もリフレーミングとして説明される（例：「衝動性」→「元気がある」，「不登校」→「充電中」）。確かにこれもリフレーミングであるが，「単なる言葉の言い換え」や「支援者の一方的な考えを押しつける」だけになってしまうと，実際の支援で役立つことは少ない。

　リフレーミングは，来談者のニーズを引き出し，来談者が動きやすい方向と関連させて行うことが有効である。また，現状の相互作用を効果的な形に活用するなど，来談者の生活の中にすでにあるものをアレンジして行うと，変化の負担が少なくなる。そして，リフレーミングと連動して関係者の相互作用（具体的なやり取り）が変化する結果につながることが，支援上重要な条件であると考えられる。

④　システムズアプローチによる実践の応用編

⑴　治療システムの形成と活用─ジョイニング─

　③では，来談者と関係者の相互作用を見立てることについて説明した。重要な点は，支援者自身も立派な「関係者」であり，目の前の来談者に影響を与える責任者だということである。

システムズアプローチでは，支援者と来談者の相互作用で形成されるシステムを「治療システム」と呼び，支援者が来談者との治療システムを形成する上で，来談者の反応を観察し，相手の枠組み，ルール，ふるまい，動き方に合わせることを「ジョイニング」と呼ぶ（東，1993；吉川，1993）。詳細な説明は類書に譲るが，ジョイニングは，支援者が能動的に来談者の心情や反応を読み取り，それに応じたふるまいを示すことであり，単に「支援者の反応をまったく出さないこと」「話を聞くだけ」という相互作用とは異なる。また，「ジョイニングは治療場面の入り口で行われるもの」という形式的な説明がされる場合もあるが，システムズアプローチが支援者と来談者の相互作用を最重視するものである以上，最も基本であり，支援プロセス全体にかかわる原則的な考え方である。

　③で説明した数々の質問技法も，少なくとも「治療システム内で，現在どのように話題が展開し，支援者が来談者にどのような影響を与えているのか」というチェックをしつつ用いていくことが重要である。

(2)　考え方としての「やり取りの再現」—エナクトメント—

　「エナクトメント」とは，関係者の相互作用が，治療システム内で生じることである。複数人数で来談した場合（特に家族の場合），日常のやり取りがそのまま面接室内で起きることがある。これは，②の質問法を用いた相互作用の仮説化とは異なり，見たままを仮説として扱うことができる利点がある。前者を「聞き取る相互作用」だとすれば，後者を「見て取る相互作用」と言える（吉川，2001）。

　以下に，ユウタさんの事例（p.34）について，母，本人，姉が来談した場合を考え，具体例を示す。

　Th はそれぞれのメンバーに挨拶をし，母との会話をはじめると，本人と姉は，面接室内で遊びだした。そのうち，本人と姉が騒がしくなってきた。

母　：（姉と本人へ）こら，静かにするの！（Thへ）うるさくてすみません。

Ｔｈ：いえいえ，大丈夫ですよ。（会話を再開する）

姉　：（本人から目を話し，面接室の本を手に取る）

本人：（姉に近づく）

姉　：（本を眺める）

本人：（姉の髪を引っ張る）

母　：（姉と本人の方を見る）

姉　：痛い！　やめて！（本人を振り払う）

母　：（本人へ）こら！　静かにするの！

本人：（悔しそうに）キーッ！

姉　：（本人へ）もーうるさいな！

本人：（姉へツバを吐く）

母　：もう！　何してるの！　やめなさいって言ってるでしょ！！！（本人を抱き上げる）

姉　：きたないなーもう。

本人：（泣きだす）

母　：（Thへ）ほんとにすみません。お行儀が悪くて。いつもこんな感じです。

　エナクトメントという考え方で重要な点は，来談者の日常生活で起きる「問題」のパターンは，面接室内でも起きうるということである。クラシックな家族療法では，支援者が家族に，普段のやり取りを再現するように指示することもあるが，低年齢の子どもがいる家族の場合，家での相互作用が面接室内で自然に起きやすい傾向がある。そのため，ふとした時に面接室内で起きる関係者間のやり取りを，観察によって仮説化し，支援に活用するという視点が重要となる。

　そして，「見て取る相互作用」の利点は，支援者が面前の相互作用に直接働きかけることができる点である。以下に，前述の相互作用の続きとして具体例を示す。

Ｔｈ：お母さん，少し彼とやり取りしてもいいですか？

母　：どうぞどうぞ。

　しばらく心理士は，母とともに本人と姉の遊びを眺めていた。すると，p.35の「相互作用の詳細」のように，本人が姉の髪の毛を引っ張ろうとするそぶりを見せた。

Ｔｈ：（おどけた調子で本人へ）あららっ？

本人：（Th の方を向く）

Ｔｈ：お姉ちゃんと遊びたいの？

本人：（うなずく）

Ｔｈ：そうかあ。じゃあ，お姉ちゃんに「あーそーぼ」って言ってごらん。

本人：（姉に）あーそーぼっ。

姉　：（本から目を離して）うん，いいよー！

本人と姉：（二人で遊びだす）

母　：あら。

Ｔｈ：（母へ）彼，賢いですね。

母　：へぇ，そんなことできるんだ。

Ｔｈ：もしかすると，彼がお姉ちゃんの髪を引っ張るのは，かかわりたいときのサインかもしれませんね。

母　：そうかもしれない。そういえば家でも……。

　このように「問題」とされる相互作用が面前で観察された場合，支援者自身の行動を直接的な介入として扱うことも可能になる。

(3)　虫の目と魚の目—メタ・アセスメント—

「メタ・アセスメント」とは，多様な援助組織の特性，特に自らの援助組織の目的性などを俯瞰し，他の援助組織との違いを把握することである（吉川，2009）。つまり，支援者自身が所属する支援機関と，来談者が今後つながる可

能性のある支援機関についてのアセスメントと言える。

　これまで述べたように，発達支援においては，来談者の多様なニーズに応じ，他の専門家との連携をすることが必須となる。

　来談者のニーズに可能な限り対応するためには，「支援機関の特色」というレベルに加え，「支援機関に所属する支援者の人となりや得意技」について知っておき，具体的な対応を要請することができる必要がある。つまり，社会的ネットワークを知識だけではなく，実際の人のつながりとして持っていることが重要である。そして，来談者のニーズに応じて，即興的な支援システムとしての「即自的な援助組織」（吉川，2009；志田，2021）を構築できれば，より効果的な支援が可能になる。

　例として，ある支援機関から，他機関へのリファーを考える。単なる支援機関の情報提供にとどまるリファーの場合，来談者に毎回新たな支援関係を構築させる負担があることを，支援者は認識しておく必要がある。また，リファーされた側も，「何を目的とした紹介なのか」がわからず，一からの聞き取りになったり，支援の要点がわからなくなったりする場合がある。

　理想は，支援者が来談者へ「○○機関の□□さんは▽▽といった対応をしてくれ，サバサバして怖く見えるが人情派である」と説明できるほどの，具体的な「人と人のつながり」を持っていることが望まれる。しかし，現実では所属する組織などの制約もあり，積極的にそういったつながりを持てない場合もある。

　そのため，日常業務では，積極的な情報収集はもちろん，来談者から語られる他の支援機関での具体的対応を聞き取ることや，地域の支援機関の情報に詳しい教員やソーシャルワーカーの方々と世間話をする中で，社会的に存在する支援機関や支援者を知ろうとする努力が必要であり，自分を含めた各々の専門性を組み合わせ，来談者のニーズに適合させることが求められる。

　また，来談者に対しては，リファー先へ共有する面接経過報告書を共同で作成したり，リファー先の支援者の特性や人となりを前もって説明することで，つなぎの際の不安感を低減させることができる。そして，「リファー先で何か問題が生じたら遠慮なく言ってほしい」と伝えるなど，クライエントが期待する支援とのズレを修正できる見通しを伝えておくことが重要だと考える。

文献

青木 省三・村上 伸治（2015）．大人の発達障害を診るということ――診断や対応に迷う症例から考える―― 医学書院

Fisch,R., Ray,W.A., & Schlanger, K.（2010）．*Focused Problem Resolution：Selected Papers of the MRI Brief Therapy Center*, AZ : Zeig, Tucker & Theisen（フィッシュ, R., レイ, W.A. & シュランガー, K. 小森 康永（監訳）（2011）．解決が問題である――MRIブリーフセラピー・センターセレクション―― 金剛出版）

発達障害情報・支援センター（2016）．ペアレントプログラム事業化マニュアル Retrieved from http://www.rehab.go.jp/application/files/9415/8287/2178/10_2_.pdf（2024年3月14日）

東 豊（1993）．セラピスト入門――システムズアプローチへの招待―― 日本評論社

東 豊（2013）．リフレーミングの秘訣――東ゼミで学ぶ家族面接のエッセンス―― 日本評論社

日原 信彦（2017）．リハビリテーションのマネジメント 宮尾 益知・橋本 圭司（編）発達障害のリハビリテーション――他職種アプローチの実際――（pp.54-67） 医学書院

本田 秀夫（2020）．学童期・思春期の発達障害の子どもたちへの医療の関わり 小児の精神と神経, *60*(1), 29-37

本田 秀夫（2021）．子どもの発達障害――子育てで大切なこと，やってはいけないこと―― SBクリエイティブ

三森 睦子（2015）．教育現場の立場から考える就労支援――アセスメント・IEP・実習をどう活かすか 梅永 雄二（編）発達障害のある人の就労支援（pp.21-27） 金子書房

宮尾 益知（2015）．発達障害の親子ケア――親子どちらも発達障害だと思ったときに読む本―― 講談社

宮尾 益知（2021）．発達障害を家族で乗り越える本――親と子どもの関係を良好にする"家族療法"のすすめ―― 河出書房新社

村田 淳・大江 佐知子（2018）．大学における就学支援 村田 淳・小谷 裕美（編）高校・大学における発達障害者のキャリア教育と就活サポート（pp.66-81） 黎明書房

中野 真也・吉川 悟（2017）．システムズアプローチ入門――人間関係を扱うアプローチのコミュニケーションの読み解き方―― ナカニシヤ出版

中田 洋二郎（2018）．発達障害のある子と家族の支援――問題解決のために支援者と家族が知っておきたいこと―― 学研プラス

尾崎 康子・三宅 篤子（編）（2016）．乳幼児期における発達障害の理解と支援②　知っておきたい発達障害の療育　ミネルヴァ書房

志田 望（2021）．システムズアプローチにおける神経発達症をもつ成人への支援の研究　龍谷大学大学院文学研究科紀要, *43*, 235-236.

清水 伸剛（2018）．キャリアカウンセラー（キャリアコンサルタント），村田 淳・小谷 裕美（編）　高校・大学における発達障害者のキャリア教育と就活サポート（pp.99-104）　黎明書房

辻井 正次（2014）．成人になった発達障害の人たちが抱える課題と可能な支援　臨床心理学, *14*(5), 617-621.

Watzlawick, P., Bavelas, J.B.& Jackson, D.D.（1967）．*Pragmatics of Human communication : A Study of Interactional Patterns, Pathologies, and Paradoxes*, NY : W.W. Norton & Company, Inc.（ワツラヴィック, P., バヴェラス, J. B. & ジャクソン, D. D. 山本和郎（監訳）尾川 丈一（訳）（1998）．人間コミュニケーションの語用論——相互作用パターン，病理とパラドックスの研究——　二瓶社）

安江 高子（2016）．コミュニケーションの流れが変わる会話のコツ　坂本 真佐哉・黒沢 幸子（編）不登校・ひきこもりに効くブリーフセラピー　日本評論社

吉川 悟（1993）．家族療法——システムズアプローチの〈ものの見方〉——　ミネルヴァ書房

吉川 悟（2001）．ことばになりきらない相互作用を見立てるために　家族療法研究, *18*（2），70-75.

吉川 悟（編）（2009）．システム論からみた援助組織の協働——組織のメタ・アセスメント——　金剛出版

第4章
システムズアプローチによる支援の事例

第4章に向けて

　第4章は，事例で構成されている。これらの事例をまとめるにあたって，筆者たちは個人の発達に沿った支援を考えた。システムズアプローチでかかわるということは，関係性を支援するということなので，発達障がいをもつ本人だけではなく，家族支援も関係者に対する支援も積極的に行っている。発達障がいをもつ本人が小さい時には，本人だけではなく，保護者支援が本人支援に大きく影響するだろう。一方で，発達障がいをもつ成人を対象とした支援においては，本人のみを対象とした支援が成立する。

　そんなことを考えながら，就学前から成人までの事例を挙げた。読者の皆さんには，そのあたりの支援の前提も考えながら読み進め，前章までのシステムズアプローチの理論を確認していただきたいと思う。

　なお，システムズアプローチの記録のしかたは一つではない。本章では，——を使う方法と——を使わない方法で示した。目には見えない相互作用をいかにとらえ，表現しているかについても着目してほしい。

システムズアプローチで支援した6事例

小1女児ミサキさんの母親＠小学校

主な登場人物：母親，スクールカウンセラー（以下SC），担任，学校長

支援が必要だと思われる娘に対する，担任の対応について
小学校に相談に来た事例

小4男児ショウタさんの母親＠小学校

主な登場人物：母親，SC，担任，養護教諭，外部機関，医師，父親

息子の発達障がいの可能性とその対応について，小学校に
相談に来た事例

中1女子アオイさんと母親＠医療機関

主な登場人物：本人，母親，SC，友人，医師，学校関係者

腹痛などでの身体症状で不登校になった本人が医療機関を
受診し，カウンセリングを併用した事例

高2女子サクラさんの両親＠私設相談機関

主な登場人物：本人，両親，担任，セラピスト，学習塾の講師

不登校で引きこもり状態の子どもの対応に困り，両親が
私設相談機関に来談した事例

20代女性マナミさん＠就労支援機関

主な登場人物：本人，セラピスト，医師

障害者就労に関して関係者とうまく調整ができず，就労
支援機関に来談した事例

30代男性ダイキさん＠精神科

主な登場人物：本人，妻，会社の上司，セラピスト，医師

うつの復職に関して，家族や上司へのサポートを精神科で
行った事例

小学校1年女児ミサキさんの母親の事例

「担任が配慮してくれないと感じている」

(1) はじめに

　小学校への就学は，多くの保護者にとって嬉しい出来事だろう。もちろん不安は尽きないが，子どもの成長を実感できる節目である。しかし，発達障がいを指摘されている子どもの保護者にとっては，大きな関門である。子どもが適応できるかどうか，不安が尽きることはない。今回の事例で登場するのは，小学校の新1年生になった三女ミサキさんのことで相談に来た母親である。ミサキさんが不適応になっていたわけではない。ただ，支援のためのシステムがうまく機能していないことに対する不安が語られた。事例では，支援システムの立ち上がりについて考えてみよう。

(2) 事例

　養護教諭のすすめでミサキさんの母親がスクールカウンセラー（以下，SC）のもとに来談した。ミサキさんの2人の姉はすでに中学生と小学校高学年で，ミサキさんの下にも未就学の子どもが2人いる。子育てベテランのママさんだ。そんなお母さんがどうしたのかなと思いつつ話を聞いてみた。
　母親の話は，要約すると以下のようだった。

〈母親の話〉
　以前から三女のミサキには，子育てでだいぶ手を焼いていた。何よりも，言葉が出ない。例えば，おやつに何を食べたいのか聞いても黙って答えないから，何でもいいのかと思って用意すると不機嫌になって食べない。そんなことが日

常的に多々あったから試行錯誤になった。その結果，選択肢を示してミサキに選ばせるようにすると答えてくれることがわかってきた。話せないわけではないのだが，なんでこの子はしゃべれないのかと思っていた。本人にも直接「なんでなの？」と怒ってしまうことが多々あった。

保育園の先生にすすめられて児童相談所で検査を受け，自閉症スペクトラムの可能性があると言われたが，「はっきりと診断されたわけではないから療育相談はできません，ご自身で他の相談機関を探してみてください」と言われた。自閉症の可能性にも落ち込んだが，もともと言葉がでなかったので，そこは覚悟していた。それ以上に，今後どう対応していったらミサキの将来のためにいいのだろうかと不安で落ち込んだ。ママ友に相談したら，療育施設をすすめられた。受診したところ，「診断名をつけるのは厳しいが，つけないと療育のコースは受けられない」と言われた。診断名が欲しいというよりも，ミサキのために療育コースで何かしてあげられることがあるのであれば，診断名をつけてもらった方がいいと思った。そのため診断名をつけてもらって，月2回の療育コースに参加することにした。

お姉ちゃんもいるので何度も小学校には来ていたが，ミサキの入学前の昨年10月には，お姉ちゃんの担任に「妹のミサキは自閉症スペクトラムだから，個別で細かく見てくれたり声かけをしてくれたり，放っておかない先生がいい」と何度も話していた。それにもかかわらず，入学してミサキの担任になったタナカ先生は支援シートの存在も把握しておらず，読んでもいなかった。

実は，その先生は姉の担任だった時期がある，姉も私もタナカ先生とはウマが合わなかった。姉は当時「学校行きたくない」「死にたい」と言い出したことがあったが，6年になった時に担任が変わったら，生き生きと学校に行きはじめた。担任によってこんなに違うんだと驚いた。だから今回も嫌な予感がしていたが，その通りだった。

―――（SC）母親の担任に対する評価はすこぶる低いようだ。母親の訴えに同意するというよりも，驚きを示しつつ共感的に対応（ジョイニング）した。その担任は確かに評価が分かれる先生ではあるのだ。そこは納得できる。合う子どもや保護者にはすこぶる評価が高く，合わないと非常

に低いのである。どんなタイミングで担任と支援シートの話になったの
か，もう少し聞く必要がありそうだ。

ＳＣ：担任のタナカ先生とは，どんなふうにお話しされたんですか？
母親：こないだお姉ちゃんのことで学校に来た時に，たまたまタナカ先生に会っ
　　　て，「ミサキの検査結果見ていただけましたか，学校で大丈夫でしょうか」っ
　　　て聞いたんです。そしたら，「見ましたよー，今日ね，中間休みにお友だち
　　　と中庭で遊んでましたよ，だから大丈夫ですよ」って言われたんです。なん
　　　やそれって思って，ミサキの何を見てるのかとあきれてしまいました。
ＳＣ：あー，そうだったんですか。
　　──担任の言うこともわかる。孤立しておらず友だちと遊んでいたら，どん
　　　な子どもでもひとまず安心だ。担任の言葉が足りないところもあるのか
　　　なと思う。実際に母親はミサキさんのどのような行動を自閉傾向と枠づ
　　　けているのか，もう少し詳しく聞いてみよう。

〈母親の話〉
　とにかく，こっちの問いかけにはまともに答えない。ふざけているのかスル
ーしているのかわからない。大事なことは，私と二人きりの時にしか話さない。
例えば，図工で必要なものを言われたときに，自分が持っていきたいものだけ
をかろうじて言うとか。聞く力が弱いと言われている通りなのか，連絡帳に何
も書いてこない。先生が連絡帳に書くときにミサキのノートをちょっと見てく
れるとかしてくれたらいいのにと思う。それに，ハンカチとかティッシュとか
なくすのがしょっちゅう，帰りに先生に声かけしてほしいと思っている。
　　──悲しいことに，どこから入っても担任非難になってしまうようだ。でも
　　　ミサキさんに対してできることをしたいと思って一生懸命に対応してき
　　　た様子が理解できた。その必死さが，母親の言葉以上に伝わってきた。
　　　そして現在，担任との関係がよろしくない。それが何よりも一番引っか
　　　かる。ミサキさんの検査結果の内容への対応は今後考えていけばいいが，
　　　母親と担任の関係が良好でなければ，それも難しくなってしまう。
　　──まずは，現状の母親が持っている不満を上手にタナカ先生に伝えなけれ

ばならないだろう。SCと担任の関係は可もなく不可もない。ケースを
共有したことがないせいか，あまり話し込んだことがない。母親が担任
への不満をSCに訴えたことは，担任からするとおもしろくないだろう
な。いずれにしても校長先生にこの件を報告したら，校長先生も話を聞
きたいと言うだろう。今後のことを考えると，校長先生にも手伝っても
らった方がいいかもしれない。

SC：お母さん，この話をタナカ先生にした方がいいと思うんだけど，どうし
ましょう。

母親：話すの嫌なんですよね，先生から言っていただけないでしょうか。

——やっぱりそうかと思う。だけど，ここで引き下がってSCが母親と担任
の伝言ゲームのコマのようになってしまったら何も変わらない。

SC：私がお伝えしてもいいんですけど，お母さんから直接お話いただいた方
が，誤解が生まれなくて済むと思うんです。どうでしょう，私も一緒にお
話させていただくというのは。

母親：まあ，それならいいですけど，いいんですか？

SC：全然構わないですよ，ミサキさんはこれから6年間も○○小学校で過ご
されるんですから，すごく大事なお話ですよね。もし校長先生がいらした
らせっかくなんで一緒にお話を聞いていただきましょう。私の方で日程調
整しますから。

——ここからが慎重に動きたいところ。まず担任に今回の報告をしなければ
ならない。その前に，ちょっと教室をのぞきに行った。この小学校は，
SCが教室見学を自由に行ってもいいということになっている。後ろの
入り口から小声で，「失礼します」と言って入室する。担任と視線を交
わして軽く会釈し，SCの入室で少し騒ぎ出している何人かの子どもに
はジェスチャーで担任の方を見るよう促し，かかわりませんよという子
どもたちへの意思表示のために，後ろの掲示物を眺めるフリをする。ち
ょうど国語の授業中だった。他のクラスに比べると少し落ち着きがない
印象。机に書いてある名前でミサキさんを見つけると，授業はきちんと
受けている様子だった。休み時間になると，他の子どもと何か話をして

いる様子。担任の言っていた通り，母親が心配するような側面があまり
見られない。

　放課後，担任の机の隣に腰を下ろして話しかける。
ＳＣ：先生，今日は教室にお邪魔させていただきありがとうございました，今
　　　大丈夫ですか？
担任：ああ，大丈夫です。こちらこそ，ありがとうございました。
ＳＣ：今日，ミサキさんのお母さんがいらっしゃったんです。
担任：ああ，どうでしたか。
ＳＣ：ミサキさんのことをすごく心配してました。あれー？　って気になった
　　　のは，先生が支援シートを読んでいないと誤解していたことです。お母さ
　　　んとしては，それに基づいてもっと丁寧に見てほしいという希望があるよ
　　　うでした。
担任：ああ，あれねー。
（苦笑しながら机の中をガサガサして書類の束を出してＳＣに見せる）
　　——書類の束は，全て支援シート。これってどういう意味なのかな？
ＳＣ：ええー⁉　それ全部支援シートなんですか？
担任：そうなんですよー，こんなにいるんですよ，全員すぐになんて覚えてら
　　　れないですよ（苦笑）。それに，この子たち以外にもだいぶ気になる子が
　　　多くて。
ＳＣ：ああそうなんですか。先生の能力に期待して，学年でも支援の必要な子
　　　どもを集めたのかもしれないですね。
担任：今日も寄ってくれたからわかると思うんですけど，ホントに気になる子
　　　が多すぎて，大変なんです。（ここからしばし担任の愚痴を聞く）
ＳＣ：大変ですねー，わかりました。お母さん，ずいぶん前から学校側には配
　　　慮をお願いしていたのにっていう話なんです。先生はたぶん，そのあたり
　　　はお聞きになってないですよね。だから，校長先生にちょっと頭を下げて
　　　いただく方が話が早いかなと思うんです。
担任：ああ，その方が助かります。
ＳＣ：それじゃあ，わたしの方から校長先生に事情を報告して，先生と一緒に

お母さんの話を聞く場を作ってもらいますね。
担任：お願いします。

　その後，SC はミサキさんの母親の話を校長先生に報告した。校長先生は驚いた。聞くと，ミサキさんの母親は上に 2 人も子どもがいたので○○小学校との付き合いが長く，そんなふうに不満を訴えるような母親ではなかったというのである。また，母親が姉の元担任に配慮のお願いをしていたことを知らなかったという。

ＳＣ：ああそうだったんですねー。お母さんにとっては，ミサキさんの障がいは納得できることではあった一方で，早くいろんなことをしてあげたいという気持ちが強かったみたいです。
校長：わかりました。わたしが頭を下げるのは全然かまわないので，時間の調整をしてお母さんの話を聞きましょう。
　　──さすが校長先生。

　1 週間後，早く話をした方がいいだろうという校長先生の意向で，母親，担任，校長先生，SC の 4 人の話し合いが行われた。母親は，担任を気にしながらも昨年からのいきさつを一生懸命に話された。

校長：いやー，そうだったんですね。何度も先生に相談をされていたのに，きちんと情報共有できていなくて申し訳ありませんでした。
母親：あ，いえ，今後気をつけてもらえたらいいんです。
　　──話の頃合いを見計らって，SC がちょっとだけ入る。タナカ先生と母親の関係修復が大事なのである。
ＳＣ：タナカ先生，お母さんは先生が支援シートを読んでくださっていないと思ってらしたようで。
担任：すいませんでした。ミサキさんがクラスの子たちとけっこうなじんでるので，わたしとしては大丈夫だということを伝えたかったんです。
母親：ああそうですか。

ＳＣ：お母さん，せっかくなんでタナカ先生に対応してもらいたいことをお伝えしといた方がいいかなと思うんですけど。

　　翌週，母親がＳＣとの面談で来校された。
ＳＣ：その後いかがでしょうか。
母親：だいぶ言えたので，納得しました。タナカ先生はまだ完全には信用できないですけど（笑）。
ＳＣ：（笑）お母さん，校長先生もこないだの話し合いでおっしゃっていたように，ちょっとずつあれこれ言っていった方がいいかもしれないですね。
母親：そうですね，クレーマーにならない程度に言ってみます（苦笑）。それに，ミサキの家での様子がなぜか少し落ち着いてきて。
ＳＣ：そうなんですか。もしかしたら初めての場面に慣れるのに時間がかかるお子さんなのかもしれないですね。
母親：そうですね，わたしもお姉ちゃんたちを見てたらわかると思って，そういうふうに見てたのでわかるのが当然だと思ってたところがあるかもしれないです。
ＳＣ：じゃあ，今後はイベントとかの時に注意した方がいいですね。見通しがある方が動きやすいお子さんみたいですし。ミサキさんへの対応で難しいところが出てきたら，一緒に考えますのでいつでもご相談ください。

〈その後の担任との話〉
ＳＣ：先生，今日またミサキさんのお母さんがいらして，先日の話し合いでだいぶ気持ちが落ち着いたって言ってました。
　　──さすがに不信感が残っているとは言い難い。
担任：ああ，よかったです。お母さんが心配するほどミサキさんは不適応を起こしているわけじゃないし，こっちの話もちゃんと理解してるし，他の心配な子に比べたらすごくいい感じなんですよ。
ＳＣ：お母さんの心配と教室での実際がちょっと違ってるんですね。
担任：そうなんですよ，全然問題ないんですよ。
　　──言わなくてもやってくれると思うけど，ちょっとテコ入れしておきたい。

ＳＣ：ああ，それなら先生がミサキさんをちょっと気にかけてあげて，ミサキさんがタナカ先生の話を家でちょくちょくするようになったら，お母さんとしても安心かもしれないですね（笑）。

担任：そうですね，頑張ります（笑）。

⑶　おわりに

　このケースで大事なことは，ミサキさんの自閉症スペクトラムの診断の有無や特性ではない。母親が安心してミサキさんに対応していけることであった。そのためには，担任―母親システムがうまく機能することが大きなポイントになる。これは，もしミサキさんに不適応が起こっていても同じである。今回は，校長先生，担任，ＳＣが共に母親に対応したことで，小さな支援システムが生まれた。それは，担任―母親システムを生み出す可能性のある話し合いとなった。担任―母親システムが機能することで，今後はさまざまな支援ができると思われる。

　支援者であるＳＣが，母親や本人に直接支援するよう求められることは多々あると思うが，小さな支援システムを生み出せるような支援も大切である。就学のような節目は大きなハードルである一方で，とらえ方や取り組み次第でチャンスにもなり得る。発達障がいという用語を軽んじず同時に振り回されずに，ピンチをチャンスと生かせるような支援を心がけたいものである。

小学校4年男児ショウタさんの母親の事例

「ADHD と診断されたけど……」

(1) はじめに

　学校では少し他の子どもと違うところがあると,「特性がある」と表現されることがある。本事例は,誰から見ても明らかに落ち着きがないという特性があるショウタさんに対して,「ADHD」という枠組みが浮かび上がり,そして消えていったケースである。「ADHD」という枠組みを支援者(ここでは先生と母親)がどのように扱うのか,その対応を見ている周り(ここでは教室の子どもたちと家族)がどのようにとらえるかという視点が重要であると思われる。その周りのとらえ方が教室や家族の雰囲気に影響を与えるのだ。

　本事例では,小学校4年生ショウタさんの母親の話を主にして,医療機関の受診も含めた1年間の支援についてまとめてみる。

(2) 事例

　「うちのクラスのショウタさんなんですけど,ちょっと変わってて」

　新学期早々のある日,養護教諭に呼ばれて保健室に行ったとき,こんなふうに話し出したのは4年生の担任ヤマダ先生だった。ヤマダ先生はとても明るいキャラクターの30代の先生。子どもたちにも保護者にも人気がある。

　「どんなお子さんなんですか?」と聞くと,ヤマダ先生と養護教諭は顔を見合わせて笑いだした。「すごくおもしろい子なんですよ,ふふふ」「本当に落ち着きがないんですが,言うことがおもしろくて」と問題の話に入らない。その様子に興味を惹かれる。どんな子どもなんだろう。養護教諭曰く,就学時からとにかく落ち着きがない,それでもショウタさんの発言の数々,発想がおもし

ろくて，ヤマダ先生からかわいがられるし，周りからもそういう子どもとみなされ過ごしてきたとのこと。ヤマダ先生の話によると，周囲とのコミュニケーションで少し浮きはじめている気がして心配だという。ショウタさんは年齢不相応な意見を率直に言うからおもしろいのだが，一方で周囲の子どもたちとうまくいくかどうか不安もあるとのこと。それから，ショウタさんの母親がちょっと困っているようなのでスクールカウンセラー（以下，SC）への相談をすすめたいと思うがどうかとのことだった。そこで，ヤマダ先生の考えに同意し，先生が母親に連絡して，後日ショウタさんの母親が来談することになった。

　来談したショウタさんの母親は，とても落ち着いた様子で話し出した。ショウタさんを長男とする男児3人（次男4歳，三男3歳）の子育て中とのことから察するに，今はたぶん3歳の三男にかかりきりかもしれないと思われた。

〈母親の話〉

　小さい頃から本当に落ち着きのない子どもで，例えば大好きなテレビ番組を集中してみていると思ったら，急に立ち上がってヨーヨーをしながら見たり，うろうろしながら見たりとかする。保育園に入園する前にも，紙芝居を見ていると急に前に出て行って紙芝居に触ったりしていた。一方で，砂場でずっと一人で遊んでいたり，気に入ったおもちゃで遊んでいたりする時に，声をかけても簡単にはやめないところがあった。ただ，保育園に入園後には少しずつ落ち着き，友だちとも遊ぶようになったので安心していた。

　小学校に入学後は，忘れ物がとても多くて困っていた。はし箱とか体操着とかその日に持っていくもの一式をまとめておいたにもかかわらず，はし箱だけ忘れたりとか。どうして1つだけ忘れるのか理解ができない。家に帰ってきた時にも，カバンからはし箱を出したのはよいが，今度はカバンを台所にそれっきりそのまま置き忘れてしまう。それでも何とかやってきたが，最近，言葉のキャッチボールができないことが気になる。「今日学校で何した？」って聞くと，「〜と遊んだ」って答えるが，急に違う話題を出してくる。「ご飯までゲームじゃなくて宿題してね，わかった？」と言っても「あんなあ〜」と違う話をする。

―― (SC)養護教諭が言っていた通りのおもしろそうな子どもだ。そして，この母親の話しぶり。ショウタさんに困っていると言いつつも，疎んじていない怒っていない感じがすごくいい。でも，これだけ聞いたら誰でもADHDかASDだと思うだろう。父親はどう思っているのかな。

ＳＣ：お父さんは，今回の相談をご存じなんでしょうか。
母親：はい，ショウタのことで相談に行くという話をしたら，落ち着きがないことや忘れ物が多いことは，個性の範疇だと思っているらしくて。だいたい，うちのお父さんはすごく怖いんですよ，子どもを頭ごなしにどやしつけるというか（苦笑）。子どもらはすぐに「ごめんなさい」って謝るんです。
―― 直接的には言わないけど，これだけADHDみたいなエピソードが並んだり「個性の範疇」という表現をすることから察するに，発達障がいを視野に入れて話をしているのかもしれない。母親の様子を見ながら慎重に提案してみよう。

ＳＣ：もしかしてなんですけど，お母さんが心配されているような個性を超えた特徴がある可能性を考えると，差し支えなければ一度検査をしてみてもいいかもしれないですね。ショウタさんの傾向や特徴がわかると，お母さんも納得して対応できるかもしれないです。
母親：はい，そうですよね。
ＳＣ：それなら，お父さんにも一度話をしてみてからご連絡いただけますか。障がいどうこうという話ではなく，ご両親が対応するための指標を見つけるための検査というような感じで説明していただけるといいかと思います。

　ヤマダ先生と話すと「良かったです，でも結果としてADHDだったとしてもあんまり変わらないですよね，特徴的なところはなかなか治らないでしょう，わたしはショウタさんがクラスで浮かないように頑張ります」とのことだった。なんとも心強い担任である。
　後日，母親から連絡が来て，心理検査をしてくれる医療機関を紹介した。

　　夏休み明け，母親が来談した。

母親：実は検査結果が出て，ADHDの傾向がかなり高いから診断名をつける
　　 こともできると言われたんです。ただ，お父さんも一緒に行ったので，先
　　生からそう言われたときに，お父さんが怒ってしまって。

SC：えー⁉

母親：（苦笑）そうなんですよ，うちの子は障害者じゃないって怒ってしまっ
　　て。

SC：そうだったんですか，大変でしたね。

母親：いや，いいんです。わたしはけっこう納得して（苦笑）。

　　——心の中で苦笑する。先生は温和な優しい感じの医師である。父親に対し
　　ても丁寧に対応したはずである。父親の方がよほど驚いたのか，ショッ
　　クだったのかもしれない。

SC：そうですか，もしかしたらお父さんすごくショックだった……。

母親：そうかもしれません，長男ですし，もともとすごくかわいがっていた
　　ので。

SC：なんか，申し訳なかったです。

母親：いいんです。先生（医師）と話していろいろわたしもショウタへの対応
　　を考え直そうって思えたので。夏休みは先生（医師）に言われた通り，約
　　束としてごほうびのシールを貼ることをやってみたんです，まあ守れない
　　時も多々あったんですけど，何とかなりました（笑）。でも，暗くなって
　　も帰ってこないから探し回ったら一人で基地を作るのに夢中になっていた
　　り，スーパーで行方不明になって警備員さんに連れてこられたり，いろい
　　ろありました。ついこの間は，お父さんに「出て行け」って怒られて，本
　　当に出て行っちゃったんですよ。で，仕方なく探していたら橋の下にいて，
　　「俺ここに住めそうな気がした」とか言うんです。「どうせ帰っても怒られ
　　るやろ」って，すねてるんじゃなくて諦めてるみたいに言うんですよ。「遠
　　くに行きたい」ってすごく冷めた感じで言うんです。

　　——何というか，母親の苦労に対しては大変申し訳なく，この文脈では直接
　　言えないが，ショウタさんってやっぱりとてもおもしろい。

ＳＣ：いろいろ工夫されたんですね，大変でしたね。お母さんとすると，そ
　　　のショウタさんの諦めた感じがすごく引っ掛かってらっしゃるんでしょ
　　　うか。
母親：はい，なんかかわいそうになって。お父さんもショウタの特性はわかっ
　　　ているのですが，怒るとすごいんで。
ＳＣ：お父さんもご心配なんでしょう。ショウタさんが自分の全部を否定され
　　　ているように感じなければいいですね。
母親：そうなんです。
ＳＣ：たぶん先生（医師）もおっしゃってたと思うんですが，ダメというのは
　　　けっこう本人には堪えるので，「○○はダメ」という制限よりも，できた
　　　ところを褒めたり肯定していく方がいいかなと思います。
母親：そうなんですね。

　母親がすぐにでも直してほしいところは，普通の声が大きいからもう少し小
さい声にしてほしいということと，弟と話しているときに何度も「お母さん～
して」と言ってくることだそうだ。声に関しては，小さくしろというのではな
く，小さめに話せたときに褒めることで対応することになった。弟と話して
いる時の割り込みについては，「ちょっと待っててね」と待たせる練習として
「はい，次はショウタの番だよ」「よく待てましたー」等ときちんとショウタさ
んだけに話しかけるということを共有した。母親の負担を減らせるように，少
しずつ対応を変える試みを１つ１つ続けていった。

　12月に入り，養護教諭から，性教育の時間にショウタさんに久しぶりに会っ
たら，一番前で食い入るように真剣に話を聞いていたと報告があった。養護教
諭曰く，「ショウタさんはかしこいけど考え方が変わってるから変なふうに理
解していないか心配」とのことだった。

〈年明けに来談した母親の話〉
　冬休み前から，ショウタがしんどい，喉の下が苦しい，眠れないと言い出し
た。朝，吐き気がある。小児科に連れて行ったら食あたりじゃないかと言われ

72

た。様子を見ていたが，年明けにひどくなってきて，寝ると怖い夢をみるという。目をつぶるのが怖いらしい。夕べは怖いからと言って手をつないで寝た。「お腹痛いし胸が苦しいから学校に行きたくない」という。一方で，父親から怒られて「ごめんなさい」ばかり言っていたショウタが，「お父さんの怒り方が悪い」と父親に言い返すようになり，父親の態度が少し変わってきた。子どもが相談しても今までは怒っていたのだが，話を聞くようになった。その父親までショウタは心の病気じゃないかと言い出した。

母親：ヤマダ先生は，学校では変わりないと言ってて，何が原因かわからないんですけど，わたしも弟たちにばかりかまってるんで甘えたい気持ちはあるのかもしれないです。

──4年生だし，「思春期」という枠組みで表現したらお母さんと共有できそう。思春期だから甘えたい気持ちと言い返したい気持ちの両方があるというとらえ方で。影響があるかどうかわからないけど，養護教諭の話していた性教育のことが気になる。ショウタさんの今後のためには性教育の個別指導というのはとてもいいかもしれない。たぶん養護教諭は了解してくれるだろう。あとは，お母さんが言っていたように弟たちが主役になりがちな家族だから，少し主人公にしてあげる時期なのかな。

SC：今はどうしても下の弟くんたちに手がかかってしまう時期ですもんね。それは仕方ないと思います。ショウタさんとしたら自分が不安定だから落ち着かないのかもしれないですね。でも，何か思春期になってきたって感じなのかな，お父さんに言い返したりして。

母親：わたしもそう思ってて，お父さんもタジタジなんですよ（笑）。

SC：今回のショウタさんの言うしんどさが何の影響かわからないですけど（可能性として，養護教諭から聞いた性教育の話をする）。気休めかもしれないですが，養護の先生に個別で再度の性教育をお願いしてみたらショウタさんがいろいろ納得できるような気がするんですけど。

母親：お願いしたいです，申し訳ないですけど。

SC：いえいえ，あと原因を探してもちょっとわかりにくそうだなと思いまし

て，こういうのはどうかなと思う案があるのですけど，どうでしょう。

母親：どんな案ですか。

ＳＣ：ビックリしないでくださいね。おまじないみたいなものです。ショウタ
　　　さんの悪夢を紙に書いてもらって，家族全員で寝る前にそれを丸めた新聞
　　　紙とかプラスチックの棒などで思いきり叩くんです。「悪い夢をやっつけ
　　　ろ」という感じです。口に出して「悪い夢は出ていけ」でもいいかも。そ
　　　してボロボロになった紙はゴミ箱に捨てる。みんなで追い払ったから大丈
　　　夫ということで，ショウタさんは気持ち的に安心して寝れるかもしれない
　　　です。

母親：（笑）それおもしろいですね，ショウタは喜ぶと思いますし，お父さん
　　　もそういうの好きだからやってみます！

ＳＣ：へー，お父さんもお母さんもお好きなんですね（笑）。ショウタさんだ
　　　けじゃなくて弟さんたちも楽しめると思います。

　　母親は張り切って帰った。

　　面接後，養護教諭と担任に報告し，養護教諭には先に決めてしまったお詫び
を伝えた上で対応をお願いした。もちろん，養護教諭が気にしていたことだっ
たので，快諾してくれた。後日聞いたところでは，実際に保健室で対応してく
ださったようだ。非常におもしろい質問があれこれ出て，養護教諭曰く「こう
いう個別教育ってショウタさんだけではなくやっぱり必要なんじゃないかな」
と実感したとのことだった。また，悪夢の件は後日母親が来談し，改善したと
報告があった。

　　その後も，ショウタさんの落ち着きのなさや変わった発言がまったくなくな
ったわけではないが，彼の愛されキャラを武器に，担任らはそれをある程度許
容し，友人関係にもそのような雰囲気が作られ徐々に落ち着いていった。卒業
の頃には，問題行動が話題に上がってくることはなかった。

(3)　おわりに

　　このケースのポイントは，ショウタさんを巡る支援システムが検査による

ADHDという診断名に納得しつつも，大きく振り回されなかったことだと思う。担任は，ショウタさんのADHD特性を抑え込もうとせずにうまくコントロールしながら，クラスになじませた。ショウタさん―担任システムが良好であれば，それがクラス全体に波及しショウタさんの居場所を作っていくことができるのだ。母親―SCシステム，母親―医師システムは母親と良好な関係を作りショウタさんへの対応を支援した。ショウタさん―母親システムが試行錯誤を繰り返しつつも良好であれば，それが家族に波及する。悪夢退治はその象徴となったようだ。

　一方で，ショウタさんが進学して中学校でうまく適応できるかどうかはわからない。しかし，担任や教科担当教員がショウタさんのADHD特性や独特のとらえ方をどう扱うか，どのような関係を作るのかがクラスの友人関係にとどまらずに，今後のショウタさんの適応に与える影響は大きいだろう。不安は絶えないが，ショウタさんの愛されキャラがどのように発揮されるのか楽しみでもある。

3 中学校１年女子アオイさんと母親の事例

「腹痛で学校に行きたくない」

(1) はじめに

　心療内科クリニックには，主訴を心因性による身体症状とする事例が集まる。本事例の主人公は，腹痛や吐き気を訴えて来談した女子中学生アオイさんである。経過の中で，アオイさんの発達障がいが問題として挙げられ，カウンセラー（以下，Co）である筆者との関係においてもその特性は理解できた。しかし，それを許容できるような友人関係が構築されているようだったことから，きっかけとなったかもしれない出来事や発達障がいを積極的に扱うのではなく，アオイさんが考えていることを肯定したり，今後してみたいことを応援したりするような未来志向のアプローチを行った。アオイさんの事例から未来志向のアプローチで取り組むこと，そして医療と学校の連携について考えてみたいと思う。

(2) 事例

　11月下旬，中学１年生アオイさんが母親とカウンセリングにやってきた。心療内科クリニックに来談したきっかけは，腹痛と吐き気，時々めまいが起こることだった。それが原因で学校に行けなくなったらしい。主治医に心療内科のカウンセリングを受けたいと申し出があったとのこと，カルテを見ると漢方薬が処方されており，主治医からは自律神経の乱れと伝えられているらしい。母子ともに薬物療法にはあまり乗り気ではないとのことだった。

　初回面接はアオイさんの希望から母子同席で始まった。「先生（主治医）から腹痛と吐き気があると聞いたけど，今は大丈夫かな？」と聞いてみる。アオ

イさんが緊張した面持ちで「大丈夫です」と答えると，母親は何か言いたげに
アオイさんの顔をのぞき込んでいる。「お腹痛くなったりしたら話している最
中でも言ってね」と言うと「はい」と答える。「カウンセリングを受けたいと
聞いてるけど，どのあたりから話を聞いたらいいでしょうか」と２人に聞くと，
母子で顔を合わせ，アオイさんは下を向いた。母親が話し出した。

母親　：去年中学に入学してだいぶ環境が変わったので休みがちではあったん
　　　　　ですけど。2学期の体育祭で捻挫をして休んだ後，腹痛とか吐き気で登校
　　　　　できなくなったんです。

アオイ：（母親の方を見てボソッと何か言う）

母親　：ああそうそう，期末試験の日には1日だけ行ったよね，別室で受けま
　　　　　せんかって担任の先生に勧められて受けたっけ。

　そんな感じで母親が中心的に話しはじめた。

〈母親の話〉

　この地域はもともと4つの小学校が集まって1つの中学校に行くのだが，1
つだけ大きな小学校があり，そこから進学した生徒たちが中心となりがちであ
る。小学校時のスポーツ少年団のつながりが多く，バレーボールやサッカーな
どが活発な中学校でもある。今夏，アオイのクラスで中心となっているそのよ
うな生徒たちが，アオイの仲良しの子に菌回し（一人の子にバイキンがついて
いるように扱い，その子に触ったり，その子が触ったモノに触れるとバイキン
に触れたように反応し，触れた手などで他の人に触ってバイキンをうつすよう
な行動を取ること，いじめ行動の1つを指す俗語）をはじめた。それを助けた
かったができずに，アオイはすごく悔しく自分が嫌になった。しかしその後，
担任が家庭訪問してくれた時に話をして教室でのいじめ行動は収まった。

　母親が話している時に，Coは時々割って入っていたアオイさんに視線を合わ
せながらアイコンタクトを交わす。非言語のジョイニングである。少し安心
したのか，途中からアオイさんが話し出した。

アオイ：友だち関係がどうこうではないです。体育祭のダンスで捻挫した時も みんな心配してくれた。クラスの子はみんないい子。行けない理由は自分 でもわからない。

Ｃｏ　：そっかそっか，みんないい子なんだね。どんなクラスなの？

アオイ：おとなしいグループと，好き嫌いの激しい人のグループがあって，好 き嫌いの激しい人のグループの人数が多い。他の小学校から来た人でいつ も大声で騒いでて。自分はどちらでもないおとなしいグループ。だけど， クラスで拒絶されている感じはしないかな。体育祭で捻挫した時にもグ ループ関係なく心配して「大丈夫？」って話しかけてくれた。

Ｃｏ　：そうなんだ。さっきお母さんが言ってた，菌回しされている子を助け たかったっていう話は，どうなのかな。

アオイ：先生に言いたくはなかったけど，すごく嫌でお母さんと先生に言った。 先生がみんなに内緒にしてくれると思ってたんだけど，クラス全員の前で， 「勇気をもって言ってくれた子がいる」って言って。

Ｃｏ　：（驚いて）え？

アオイ：先生に悪気はなくって。だけど，その後体育の見学をしていた時に， 「誰かが菌回しのことを先生に言ったみたいだ」っていう話になって。誰 だろうって言われて。

Ｃｏ　：えー，先生に悪気はないって言っても，それはショックだよね。

アオイ：チクったんじゃないかって，陰で言われてるような気がして。それで 捻挫で休んだ後，学校行くときにお腹痛くなったから行けなくなった。な んか，昼間見られているような気がしたり，夜トイレの窓に映った光が人 の顔に見えたり。

Ｃｏ　：そうだったんだ，いろいろ大変だったんだね。

〈アオイさんの話〉

　幼稚園から仲のいい友人が１人いて，その子と中学校への進学を楽しみにして いた。クラスは別になってしまったが，今でも LINE でやり取りをしている。 クラスでも仲のいい友人ができて，その子から休んでいる間のクラスの様子を 教えてもらっている。

　その後アオイさんに断り，母親と2人で話をする。

Ｃｏ：ええと，お母さんの方から何かありますか。

母親：歯回しの話で，陰で言われてるんじゃないかという話は聞いてたんです
　　　けど，本人がそんなに気にしてるようなそぶりを見せなかったんで。

Ｃｏ：ああ，先生は悪くないって言ってましたね，クラスの子もいい子だって。

母親：やんちゃな学校なんです，わたしの時代はもっとひどくて。それに比べ
　　　て小学校は，1学年1学級のほっこりした学校だったんでどうかなあとは
　　　思ってたんですけど。もともとお腹痛いっていう欠席は時々あった子なん
　　　で。

Ｃｏ：ああそうだったんですね。

母親：欠席が多いというので，4年生の時に担任の先生から病院で検査を受け
　　　るようすすめられて，病院で検査を受けてASDの傾向があるって言われ
　　　てたんです。医師から診断書を書きますかって言われたんですけど，それ
　　　で何か変わるのかっていったら，そこまでわたしも本人も困っていたわけ
　　　ではなくて。その時には必要ないと思ってたんで，本人にもお父さんにも
　　　言ってないんです。

Ｃｏ：ああそうだったんですね。

　──（Co）アオイさんと話していた時の独特の感じに少し納得がいった。
　　　　淡々とした直截な物言いや自分の気持ちを表現しないこと，そういうと
　　　　ころがASDと言われた所以かもしれない。

　母親からは，アオイさんがひどく忘れっぽいこと，真面目な話ができないこ
とが語られた。アオイさんの一家は全員がゲーム好きで，その話だといつも楽
しく話せるのだが，真面目な話になると聞いていないように見える。それに腹
が立ってくるという。

Ｃｏ：今後どんなふうになっていったらいいかというご要望を教えていただけ
　　　ますか。

母親：今回のことは正直に言うと担任の先生の責任だと思っていて（苦笑），
　　　もう仕方ないですけど，だから今すぐ登校というのは難しいように思うん

です。クラスの雰囲気もあると思うし。なので，春のクラス替えの時には登校してほしいと思ってます。

Ｃｏ：なるほど。じゃあ，それまでに少し助走というか，きっかけを作れるようにしていきましょう。アオイさんは気持ちを言葉で表現するのが苦手ですよね。だけど，嫌という気持ちを腹痛とかの体の状態で表現できますので，彼女の腹痛がでたらちょっと無理しているんだなと理解しましょうか。

母親：はい，ホントにそうだと思います。

　2回目の面接前に教育相談担当の先生から連絡があり，一度会いたいという。母親からここでのカウンセリングのことをきいて，Ｃｏと会う許可をもらったらしい。そのため，Ｃｏは医師に相談し許可を得た上で日程を合わせて，教育相談の担当の先生とお会いした。先生にははじめに，カウンセリングの内容については守秘義務があるので話せないことを伝え，了解を得た。

先生：生徒がお世話になってます，いろいろすいません。本来は担任が来なくてはならない状況だと思うんですが，担任が他の生徒の対応に追われてまして，わたしの方が家庭訪問が必要な生徒に対応している状況なんです。

Ｃｏ：いや構いません。来ていただいてありがとうございます。

先生：アオイさんから話を聞いたと思うんですけど，担任の対応でアオイさんを苦しい立場にしてしまいました。実はクラスの落ち着きがなく，あれこれ問題が起こっておりまして。

Ｃｏ：ああ，先生方も大変ですね。

先生：そうなんです。アオイさんが言ってた件はきちんと指導されて，今は全然問題なくなっています。もちろんそれでアオイさんがすっきり登校できるかと言ったら難しいのはわかるのですけど。

Ｃｏ：そうですね。

先生：今日伺ったのは，それとは別のアオイさんの件で。先生からご覧になって，アオイさんはどうでしょう？

Ｃｏ：どうでしょうというのは？

先生：実は，アオイさんのことについては，小学校からの申し送りに発達障

いの疑いありと書かれておりまして，お母さんにも確認取れてて……。

　小学校からの申し送りには，人とのコミュニケーションの不器用さ，ルール
を守ることに非常に厳しいこと，こだわりがあること等が書かれていたらしい。
加えて先生との話は，アオイさんの父親が一時期うつ病だったことにまで及ん
だ。
　　──確かに，気持ちを表現するのが上手な子ではなかったし，今回の菌回し
　　　をめぐる彼女の考え方にはこだわりがないとは言えない。でも，今ここ
　　　でアオイさんの支援に発達障がいを持ち出すメリットはあるだろうか。
　　　ただ，教育相談の先生の主張を無下に無視するわけにはいかない。心療
　　　内科がアオイさんを抱え込んでいるようには思われたくない。おそらく
　　　学校は再登校させたいはずなので，このニーズにも乗る必要がある。

Ｃｏ：そうですね，確かに発達障がいのように見える側面はあるようですね，
　　　お母さんからも聞きました。ただ，今はアオイさんの発達障がいの有無を
　　　問題にするよりも，再登校できるようにする方を優先した方がいいのでは
　　　ないかと思うのですが，いかがでしょうか。
先生：そうですね。
Ｃｏ：アオイさんについては，お母さんもわたしもクラス替えをきっかけに再
　　　登校できるようになったらいいかなと思っています。放課後登校や保健室
　　　登校をしてみて，徐々に学校に慣らしていけたらいいですね。その段階で
　　　スクールカウンセラー（SC）の先生におつなぎしてもいいように思います。
先生：そうおっしゃっていただけると心強いです。そのために学校も準備した
　　　いのですが，週1ぐらいの登校を提案しても大丈夫でしょうか。
Ｃｏ：腹痛とかがなくなっているのでいいと思います。ただ，腹痛が出た場合
　　　はお休みということにした方がいいですかね。あと，無理だったら行かな
　　　いという選択肢をアオイさんに説明していただけるといいかと思います。
先生：そうですよね，わかりました。あと，問題はアオイさんの昼夜逆転。と
　　　にかくずっとゲームをしているようなんです。なんせ一家全員がゲーマー
　　　で（苦笑）。ソーシャルゲームで外部の人と話しながらやっているような

んですけど，お母さんはそれが心配じゃないみたいで，むしろ誰かとコミュニケーションとっているなら安心したと言ってるんです。

——アオイさんの保護者に対する先生の批判的なニュアンスが伝わってきた。難しいなと思う。いろんなご家庭がある。一家揃ってゲーマーであることが悪いとは言えない。

Ｃｏ：それなら，例えば起きる時間を決めるとか，日常生活のリズムを整える方向で，その中でゲームの時間をお母さんに少し調整していただきましょうか。

先生：できればそのようにしていただきたいです。

　その後のアオイさんの面接は〈アオイさん面接＋母親面接〉という母子別々の構造で行われた。母親によると，教育相談の先生から夕方学校で勉強を見てくれる日が水曜日になり，アオイさんは行こうと思ってたが行けなかったようだ。腹痛はなかった。

Ｃｏ　：［行こうと思っていたのに行けなかったことについて］それはショックだったね。

アオイ：（笑）

——こういう共感的なコメントに対するリアクションが，発達障がいって言われるところなんだなあ。発達障がいととらえることもできるけど，その前にそもそもこういう子なんだなあ。

Ｃｏ　：もう少し慣らした方がいいかもね。最初から勉強しに行こうとするんじゃなくて，まずは行けたらOKとかね，またお腹痛いとか出ちゃったら大変だしさ。

アオイ：はい。

Ｃｏ　：ところでさ，お友だちとはどうなってる？

アオイ：日曜日に，ドッグカフェに一緒に行った。

Ｃｏ　：いいねー，どうだった？

アオイ：すごくかわいかった（笑）。

Ｃｏ　：将来アオイさんがやりたいって言ってた動物保護の活動の役に立つか

な（笑）。

アオイ：うん，友だちもそういうことしたいって言ってるし。

Ｃｏ　：いいねー。動物保護って，具体的にはどんなことをしてみたいのかな？

　登校に向けて体調も体力も整える必要があることについて説明し，アオイさんと母親から同意を得た。アオイさんに何ができそうか聞くと，朝起きることとゲームの時間の調整とのことだった（もちろんアオイさんが母親の方をチラッと見て忖度した結果である）。アオイさんは母親と一緒に，10時に起きることと夜のゲームの時間を11時までにすることに取り組んだ。簡単ではなかったが，その都度調整しながら継続した。放課後登校は，最初は難しかったが，徐々に行けるようになった。また，アオイさんの勉強が遅れているのを心配した母親が，毎日1時間勉強をみることになった。それはアオイさんにとって嫌ではない時間になったようだった。

　カウンセリングでは，アオイさんができるだけ将来に目を向け，周りとの関係の良好さを実感できるような未来志向の話題運びを心がけた。例えば，今後やってみたいこととして動物保護の話が出ていたことから，具体的にどんなことをしてみたいか，そのために今できそうなことは何か等である。仲のいい友人と一緒にそういう活動をしてみたいらしい。さらに，あえて気持ちを言語化しなくてはならないような質問をして彼女の沈黙や緊張を引き出すような働きかけは控えた。アオイさんは友人から，教室の様子や部活動の話などを教えてもらっているようだ。話しぶりから，味方になってくれる友人がいて人間関係の方はまずまずの状態らしい。登校に向けての環境は整いつつあると感じられた。

　終業式の日に遅刻はしたが登校できた。春休みは友人たちと買い物に出歩くようになった。その後，SCへの引継ぎをして終結となった。

(3)　おわりに

　アオイさんは発達障がいの特徴を持っていた。それは，筆者も彼女とのやり取りで，違和感として残ったところだった。彼女を取り巻く他の人との関係の

中でも，おそらく相手に違和感を生じさせていると思われた。例えば，気持ち
を表現することが得意ではないから，筆者の共感的なコメントに対して気持ち
を重ねるようなリアクションが見られない。しかし，そういった違和感よりも
将来の夢や部活動での友人関係，やってみたいことを話す彼女は，発達障がい
の特徴を有している生徒というよりも，ごく一般的な普通の中学生だったこと
が印象に残った。いや，それ以上に将来の夢や自分を取り巻く関係への視点を
持っているしっかりした中学生だった。それらすべてが彼女らしさとして表れ
ていると思われた。きっかけだったかもしれない出来事やその時の気持ちを聞
くよりも，未来志向のアプローチで，アオイさん自身や彼女の周りとの関係を
肯定することが有効だったと考えている。

　また，医療機関で学校と連携するためには，事例のように組織の一員として
医師に相談したり，守秘義務について説明したりすることは重要である。その
ような細かい手続きを経て，良好な関係を築くことが，学校側のニーズを把握
することや，方向性を共有することにつながるのだ。学校の先生と Co，お互
いの立場が違っても，顔が見える関係が作れるのは大きなチャンスである。も
ちろん，電話でも書面でも構わない。小さな連携に貴重なひと手間をかけるこ
とにも慣れていきたいと思う。

　発達障がいという枠組みで彼女をとらえようとする大人を尻目に，同級生た
ち，部活動の仲間たちは，そのままの彼女を受け入れているのだと思う。大人
が見習いたいところである。

4　高校2年女子サクラさんの両親の事例

「子どもにどうかかわればいいかわからない」

(1)　はじめに

　支援者が不登校状態の本人には会わないまま，両親を通じて間接的な支援を行った事例を紹介する。本事例のサクラさんは，不登校状態，登校，受験勉強と，大まかに分けて3つの時期を通過した。そのため，時期ごとに区切って経過を示すことにする。

(2)　事例

　セラピスト（以下：Th）が勤務する私設開業の相談室のホームページを見たサクラさんの母より申し込みがあった。電話受付時の主訴は，「子どもの不登校と発達障がいについて」であった。

1)　第1期　不登校期
　3月上旬，両親が来談。インテークシートには，「父（50歳），母（48歳），サクラ（高校2年生），兄（社会人，一人暮らし）」と書かれていた。
　Thが挨拶をし，相談内容に入ると，母を中心に経過が語られた。
　サクラさんは中3の9月頃より，不眠がきっかけで欠席が増加。医療機関で「起立性調節障害」の診断が下り，服薬を開始したが症状が改善しない中，何とか第二希望の公立高校に進学するも，高1のGW明けから完全な不登校となり，高1の9月，通信制高校に転校する。しかし，入学式やスクーリングに数回登校した後に，再度完全な不登校になった。
　高2になり，他の医療機関にサクラさんを連れて行くと「ASDとADHDの

グレーゾーン」と診断され，投薬を現在まで続けている。しかし，高3目前にして改善が見られない中，母がThの勤務する相談室を知り，父と相談し来談したとのことだった。

　母が語る隣で，父は時折うなずきながら聞き，補足的に説明をしていた。

　Thは，「不登校に関する経過」に関する話題から，現在の日常生活での心配事に焦点を当て，質問を開始した。

　母の一番の心配は，サクラさんの「パニック」で，「泣きながら『自分はダメだ』と叫ぶ」ことがよくあり，母が泣く理由を聞いても「わからない」と言うだけで，サクラさんが落ち着くまで母が背中をさするのだと言った。父は仕事で多忙であり，サクラさんの対応は基本的に母に任せていると語られた。

　また，母は「サクラは身体感覚が鈍い」と語った。具体的には，寒い日でも暖房を付けず，母が心配して声をかけると「何も感じない」と言うため，母が空調の管理をしている。また，中学校の頃，サクラさんが食事をとらず痩せた時期があったため，母は心配でしばしば「お腹すいた？」と尋ねたが，「よくわからないからママが決めて」と言われ，おやつを持っていくそうである。母が外出する際は，サクラさんが好きなおやつを，サクラさんの部屋のドアノブにかけているとの話だった。

　サクラさんはファッションが好きで，特に靴にこだわりがあり，母にスマホで画像を見せて「似合うかな？」と聞いてくるそうである。その話題に父もうなずいたため，Thが話を振ると，父から積極的にサクラさんに話しかけることは少ないが，サクラさんから父にも服が似合うかよく聞いてくると言った。

　Thは，サクラさんと父のやり取りを意外に感じ，その話題を広げることとした。

Ｔｈ：他にも，彼女から話しかけてくることは最近あります？
父　：あー，少し前，「お願いがあるんだけど」って言いに来たことがあって。
母　：（父へ）そうなの？
父　：（母へ）うん。（Thへ）何？って聞いたら，しばらく黙って，「やっぱりいいや」って帰っていきました。
母　：ああー。（笑）

父　：（母へ）ん？

母　：（父へ）前に「靴買ってー」って言いにきて，パパに聞いたらーって
　　　言ったんだけど。たぶん，そのやり取りのあとかな，「パパに靴ダメだっ
　　　て言われた」って大泣きしてたから，てっきり断ったのかと思ってた。

父　：（母へ）いや，何も言ってない。（Thへ）まあ，言われたら断ってたと
　　　思いますけどね。

母　：（父の方を手で指して）怖がられてるんです。実際，昔は厳しかったんで。

父　：……。（気まずそうに黙る）

　Thは，「父がサクラに怖がられている」という枠組みとは別の側面を引き
出せるか試してみることにした。

Ｔｈ：（母へ）サクラさんがお父さんを「怖がっている」けど，「服が似合うか
　　　聞いてくる」のって，なんでだと思います？

母　：あー，怖がられてるのもあるし，意識してるってって感じかな。

Ｔｈ：意識してる。どんなエピソードからそう思います？

母　：時々，「何もしないと，パパに怒られる」とか言ったり，意味もなく
　　　「今日パパ仕事？」って聞いてきたりとか。

　その後，話を広げると，母は「サクラはなんだかんだで父にかまってほしい
のではないか」と語った。

　Thは，【本人：「泣く」or「食べない」→母：理由を聞く or 空腹か聞く→
本人：「わからない」→母：本人に対応する→……本人：父に要求を出しかけ
る→父：聞き返す→本人：去って，母のところへ行って「泣く」……→家で父
と母は本人の話題について話さない】と仮説を立てた。

　Thは，「サクラさんにどうなってほしいか」と尋ねると，母は「パニック
の改善と，自分の気持ちを言えるようになってほしい」と語り，父は，「基本
的に母と同じで，外出できるようになってほしい」と語った。

Th は，サクラさんの「パニック」「食べない」と母の対応の相互作用を同様のパターンとみなし，対応が難しそうな「パニック」ではなく，「食べない」方の相互作用に介入を試みた。

Th は「サクラさんは，自分の気持ちを言う以前に，自分の感覚や要求に気づくのが苦手な可能性がある。気持ちの言語化の準備のために，サクラさんが自分の欲求に気づけるか，様子を見たい。具体的には，お母さんからサクラさんへ，三食以外の確認をやめ，サクラさんの反応を見てほしい」と伝えた。

母は，「私の過保護が悪かったのか」とつぶやいたが，Th は，「過去の問題に対し，保護者の対応が密になるのは当然で，お母さんの対応がなければより悪化していた可能性がある。今回の対応は，次の段階に行くためで，過去と結びつける必要はない」と伝えた。母は安心し，「ドアノブのおやつも撤去する」と語った。

その後，母は父に，「『サクラさんのかまってほしい説』を検証するため，父からサクラさんへかかわる方法を考えたい」と伝えた。父は，「夜に散歩でも誘おうかな」と語ったが，母が「ハードル高くない？」と言い，父が黙りかけたため，Th は具体的対応を次回に話し合うことを伝えた。

第2回面接では，母がサクラさんが「お腹すいた」と言い出して驚いたことを報告し，父は休日にサクラさんをコンビニに誘ったところ，ついてきたことが報告された。

コンビニについて，母は「父がいきなり誘うから，ヒヤヒヤしたが，帰ってからサクラは『パパにプリン買ってもらった』と嬉しそうだったし，その日はパニックも起きなかった」とのことだった。

Th は，母へ「サクラさんはなぜ嬉しそうだったと思うか」を尋ねると，母は「父がかまったから」と語ったが，父は「理由はプリンだろ」と笑いながら否定し，母はそれ以上何も言わなかった。

Th は「母の我慢大会」と「父の対応」を称賛し，引き続き同様の対応に加え，父がサクラさんを連れ出した後，母からサクラさんへ，コンビニでの様子を聞いてもらうことを依頼した。

第3回面接では，サクラさんが自分で家のお菓子を探して食べるようになっ

たこと，父がサクラさんを家のリビングで筋トレに誘い，交流が増えたことを報告した。また，母がサクラさんから聞き足した「本当はプロテインバーがいいが，パパに言えなかった」という発言を扱い，父からサクラさんへ何が欲しいかを尋ねることに決めた。

　第4回面接では，サクラさんが母へ「買い物に行きたい」と言い出し，一緒に出掛けるようになったことや，父に対しても，コンビニで欲しいものを主張できるようになっていた。

2）　第2期　登校期

　第5回面接では，5月上旬にサクラさんが突如「学校に行く」と宣言し，週1回登校していることが語られた。

　両親とも驚き，嬉しい気持ちもあるが，母としては困惑する場面が増えた。サクラさんは学校から帰ると，母へ興奮気味に「楽しかった！」と語るが，登校前日になると「明日は行けない」と言って泣く。母がなだめに行っても，「どうせムリだと思ってるんでしょ！」と泣き続ける。学校に行く日の朝は，起きる時間にこだわりがあり，5時に起きようとする。母がもっと寝ているように言っても，言うことを聞かない。その話題の中で，母が父に話を振りはじめた。

母　：（父へ）私からよりパパから言った方が効くんじゃない？　早起きやめるように。
父　：俺が言ったら，ややこしくなるだろ。
母　：（父から目をそらし）そうかなあ。（Thを見る）
Ｔｈ：（母へ）お母さん，今の意味，わかりました？
母　：え？
Ｔｈ：「俺が言ったらややこしくなる」って。
母　：まあ，自信ないのかなって。
父　：いや，自信ないとかじゃないって。
母　：（父へ）じゃあなんなの？
父　：（母へ）思春期だし，あの年齢で，俺に干渉されたくないだろ。

母　：（父へ）コンビニついてきてるじゃん。

父　：お菓子が欲しいからだろ。

母　：うーん……。（Th を見る）

　　Th は，【母：父へサクラの対応を期待する→父：否定する】というやり取りが繰り返されたことを観察し，そのやり取りに介入することを決めた。

Ｔｈ：（母へ）お父さん，なぜか自虐的ですねぇ。

父　：（笑いながら Th へ）そういうわけではないのですが……。

母　：（父へ）あなたからの方が，私より聞きそうなのよ。

父　：うーん……。

母　：……。（父から視線を落とし，Th を見る）

Ｔｈ：（母へ）お父さんに聞いてください。何が引っかかっているのか。

母　：（父へ）何かあるの？

父　：……いやー，俺の姉貴は，父親を毛嫌いしてたし。あれぐらいの年齢じゃあ，口もきいてなかったしさあ。

母　：あ，そういうこと？　お義姉さんは，すごく自立した人じゃない。あの子は，甘えたがりだし。絶対大丈夫よ。

父　：そうかなあ。それならいいけど……。

　　その後も父は迷うそぶりを見せたが，Th が理由を聞いたり，母が励ましたりなどして，結果的に「父がサクラさんの早起きの理由を聞いた上で，体調の心配を伝える」という結論となった。

　　また，サクラさんが帰宅後「楽しかった」と言うことについては，「疲れを自覚できてない」可能性があるため，母からあえて「とは言っても，疲れたんじゃない？」としつこく聞いてもらうこととした。

　　第 6 回面接にて，父の説得の結果，朝起きる時間が 6 時になったこと，サクラさんが生まれて初めて一人でコンビニへ外出したことが報告された。

　　第 7 回，8 回，9 回面接では，本人の学校生活の話題が中心になり，引き続き，母が本人の心配事を聞き，必要に応じて父もアドバイスに加わる対応を継

続した。その中で，サクラさんに友達ができ，担任の先生とも仲良くなり，サクラさんが話し込んで帰ってくることなどが語られた。

3）　第3期　受験勉強期

　第10回面接は，サクラさんは週に2〜3回，自習のために登校するようになり，父にも学校の様子を報告するようになった。また，サクラさんが自分でエアコンを入れるようになったと，母は喜んで報告した。

　一方，サクラさんは志望校にこだわりがあり，ある私立の難関校1校を受験することしか考えていない。両親から見るととても受からないと思っているが，進路の話題を出すとサクラさんが荒れてしまう。両親は，通信制の大学に行くか，せめて大学のレベルを落としてほしいと考えている。

　その中で，最近のパターンは【本人：大学の話題を出す→母：他の進路も考えたら？→本人：「どうせ私にはムリだと思ってるんでしょ！」→父と母：本人をなだめる：→本人：「なんで二人とも応援してくれないの」と泣き，部屋にこもる】だとわかった。Thは，このやり取りに介入することを考えた。

Ｔｈ：「応援」って，ご両親にどうしてほしいのでしょうね？（父と母を交互に見る）
父と母：（顔を合わせて考える）
母　：「サクラならできる」って言ってほしいのでしょうね。でも，私たちは絶対無理と思ってまして（笑）。根拠のない励ましをして，受験に落ちたら絶対荒れると思うし。
父　：僕も同意見です。……あ，あとなんだっけ？　あのネットの……。（母を見る）
母　：（父へ）ああ，あれね。（Thへ）ネットで，塾の勉強の動画が見られるサブスクに登録したいって，私に言ってきたので，パパに聞いといでって言ったんです。
父　：僕も「調べとく」って言って，保留になったままでした。
Ｔｈ：その塾を試してみることについては，どうお考えですか？
母　：（父へ）どう？

父　：うん，やる気あるみたいだし，いいと思うよ。

　また，担任は若い男性で，サクラさんと関係はいいが，進路に関しては詳しくない。一度両親が担任に連絡を取り，サクラさんと共に進路指導教員と話したが，「サクラさんの意向を尊重してください」と言われ，「無責任だ」と思い，高校には期待しなくなった。Th は，話を聞きながら，地域の進路相談を受け付けている学習塾の中と，そこに勤務する不登校生徒の対応がうまいサワダ先生の顔が頭に浮かんだ。

　Th は，両親のニーズを再度確認すると，「視野を狭めず，複数の選択肢の中から進路を決めてほしい」と語った。

　Th は，サワダ先生について情報提供をした上で，以下の対応を依頼した。「サクラさんの視野を広げる」ために，「両親はサクラさんを応援している」という姿勢を示しつつ，「塾のサブスクを許可する代わりに，選択肢を再確認することを提案」し，サクラさんが納得するようであれば，「大学の進路に詳しいおもしろい先生がいる」とサクラさんに伝言することを依頼した。サクラさんが興味を示せば，サワダ先生に事情を説明し，Th がサクラさんを紹介すると伝えた。

　面接終了後，両親からサクラさんが喜んで了承したとの連絡を受け，Th はサワダ先生に連絡を取り，サクラさんが希望する学部と同様の学部のある大学をいくつか情報提供した上で，必要な勉強量など，なるべく具体的にアドバイスしてもらうように依頼した。

　第11回面接にて，サクラさんはサワダ先生と意気投合したこと，サブスクで勉強していることが語られた。そして，サワダ先生から情報提供を受けたり，両親とオープンキャンパスに行ったりする中で，サクラさんは滑り止めを含めた複数の進路を考えるようになった。

　その後も，サクラさんが受験の不安に伴いパニックが起きることもあったが，両親で対応ができるようになっていき，面接はフォローアップになっていった。サクラさんは第一志望に落ちてしまったが，気を取り直して受験を続け，合格した。大学入学後は，友だちもできて学校も楽しんでいることを聞き，面接を

終了とした。

(3)　おわりに

　本事例の第1期では，「二次障害」と思われる「パニック」に対し，「相互作
用パターン」（p.88参照）の「食事」という話題で母に対応の変化を依頼した。
また，父が本人へかかわりだした変化についての評価が，父と母で異なってい
た。第2期では，支援者が指示をすることで，結果的に母が父ではなく支援者
の意見をうかがう流れになっていたため，両親の話し合いを促進した。第3期
では，学校と家族の連携が膠着していると判断し，新たな相互作用を生むため
に，即自的な援助組織（p.55参照）として学習塾の先生を支援システムに登場
してもらった。

　このように，本人が来談しない場合でも，間接的に関係者の働きかけを調整
することで，変化を起こすことができることが，システムズアプローチの長所
である。

5 20代女性マナミさんの事例

「医師に就労について相談できない」

(1) はじめに

　発達障がいをサポートする制度が近年整備されてきている。当然のことながら，制度の申請には「人」とのコミュニケーションが必要であるが，それ自体が何らかの事情でできなくなる事例も散見される。本事例においては，障害者雇用のオープン就労を望みながらも，制度利用ができず事態が膠着していたケースの支援について述べる。

(2) 事例

　8月上旬，セラピスト（以下：Th）が勤務するO職業相談所に，連携するP就労支援機関のスタッフから，利用者を紹介したいと連絡があった。後日送られてきた報告書によると，経過は以下のとおりである。

　マナミさんは20代の女性で，気分の落ち込みからR精神科に通院中である。R精神科ではADHDとうつ病の診断が下りている。7月，現在派遣社員として勤務している引っ越し会社の仕事が体力的にきつく，いろいろと考えた末に障害をオープンにして障害者雇用をすることを決断しP就労機関へ来談した。しかし，R精神科の医師に障害者手帳を取得するための相談ができず，話が進められない。過去に他の医療機関で受けた「トラウマ」が影響しているらしい。P就労機関スタッフも，再三医師に相談するよう説得したが，どうしても相談できず，マナミさんも落ち込んでしまった。そこで，連携したことのあるThの顔が浮かび，マナミさんを紹介したとのことであった。

　8月中旬，マナミさんがO職業相談所に来所。インテークシートには，「障害者雇用をしたい」と書かれていた。Thが挨拶し，話を聞くと，以下のような経過が語られた。

　マナミさんは高校卒業後，大学に進学したが，期待していた環境と異なり，2年目で退学。その後，看護の専門学校に進学したが，多忙を極めた実習期間に体調不良や気分の落ち込みが発生し，実習を中断，Q心療内科にてうつ病の診断を受け，抗うつ薬の服薬を開始した。

　昨年の4月，専門学校卒業後，派遣会社を通じて現在の勤務先に就職した。同時期，大学生の妹と同居を開始した。両親は遠方の地方に住んでいる。7月，夏場になると仕事がきつくなるため，障害者雇用を希望し，Q心療内科の医師に障害者手帳取得について相談した。その際，医師より「あなたは制度を使う必要はない」と強く言われ，ショックを受けたことをきっかけに，9月，R精神科に受診先を変更した。R精神科では，ADHDの診断が追加され，不注意や多動への対処としてストラテラの服薬が追加された。

　Thは，経過を聞いた後，現状の問題についての情報収集をはじめた。

Ｔｈ　：ADHDの診断について，R精神科からはどのように言われていますか？

マナミ：多動性や，やるべきことを先延ばしにしてしまう特徴が強いので，投薬治療で様子を見ようと言われています。

Ｔｈ　：多動性というのは，例えばどんなことですか？

マナミ：もしかするとお気づきかもしれませんが，私落ち着きがなくて，そわそわして常に手とかを動かしてしまうんです。

　確かに，マナミさんは目をキョロキョロしたり，手をさすったりする様子が見られていた。「特性」という一面があるのだろうが，初対面で緊張している可能性はないか，Thは聞いてみることにした。

Ｔｈ　：ああ，もしかすると，ここに来られるの初めてですし，緊張とかもされてますか？

マナミ：はい，それはあります。恥ずかしい話ですが，対人関係もすごく苦手で……。

Ｔｈ　：そうだったんですね。そういった，衝動性や対人関係のことについては，Ｒ精神科では対応などは話し合っておられますか？

マナミ：いえ，それについては特に何かを言われているわけではありません。

　　Ｔｈは，「対人関係が苦手」という枠組みがどのような相互作用を示すのかを明らかにするために，職場の対人関係で困っていることについて質問した。マナミさんは，職場で「人の目が気になり」，必要以上に周りの仕事を手伝ったり，たくさんの仕事を任されたりして，疲弊してしまうとのことだった。

Ｔｈ　：マナミさんは職場で頼られる方なのですかね？

マナミ：頼られているというか，私が世話焼きなところがあって，疲れているのかサボっているのかわからない人がいても，「私がやっときます」って言っちゃって，結局自分が疲れちゃうんですけど……。

Ｔｈ　：マナミさんが疲れてると，気づいてくれる人は職場にどのくらいいますか？

マナミ：うーん，あまりいないかなあ。私，元気な振りだけはうまいので。あ，前の上司で「そこまで君がやらなくていいよ，周りも甘えちゃうから」って言ってくれた人はいました。もうその人はいないんですが。

Ｔｈ　：そうかあ。どちらかというと，自分のことよりも相手のことを優先してしまう形ですか？

マナミ：それはすごくあると思います。

Ｔｈ　：「相手を優先すること」は，日常生活の他の場面でもあったりしますか？

マナミ：あー，いっぱいあると思います。例えば，私旅行が好きなんですけど，お土産を人に買いすぎて，自分の分を買えなくなっちゃうこととか。

Ｔｈ　：あら，そんなところでも。

マナミ：はい，あとは職場で，急なシフトの抜けが出て，上司から誰か入れないかって連絡が来ると，職場のことが心配で，自分の体調が悪くても反射

的に手を挙げてしまうんです。

Ｔｈ　　：上司からも『マナミさん助かります』みたいな？

マナミ：はい。だから，自分がしんどい時も，なかなか休めない。

Ｔｈ　　：そうかあ。その，気を使うというのは，ご家族の間でもそうですか？
　　　　　妹さんとか。

マナミ：あー，妹に対してはないですが，家事を曜日ごとに分担しているんで
　　　　　すけど，妹が手が遅いんです（笑）。だから，お皿とか放っておかれてい
　　　　　るのを見るとイライラして，妹の代わりに家事をやるときもありますが
　　　　　……。

　面接中盤に差し掛かり，Ｔｈ はマナミさんの当初の主訴が「障害者就労」と
いう話題だったことが頭に残っていたため，いったんその話題に戻ってみよう
と考えた。

　Ｔｈ は「もともとのご相談は障害者手帳についてでしたが，こちらではそれ
についてどうお手伝いすればよいでしょうか」と確認した。すると，マナミさ
んの表情が暗くなり，「正直，障害者手帳は取りたいが，Ｒ精神科にも相談でき
ないし，仮に手帳を取ったとしても，福祉サービスの需給や周囲への配慮の
要請を，申し訳なさが先に立ってできない可能性がある」と語った。そして，
「今，焦りや気分の落ち込みが大きく，どうしたらいいのかもわからない」と
下を向いてしまった。

　Ｔｈ は慌てて，気分の落ち込みがどの程度で，現在どのような対処法を取っ
ているのかを確認した。マナミさんは，現状を何とかしなければという焦りや，
「死にたい」という考えが頭の中に出てくるときがあると語った。今，具体的
に自死に関する行動をとっていることはなかったが，休みの日は図書館に行き，
うつ病に関連する本を読み漁っていることを語った。また，以前通っていたＱ
心療内科の医師から障害者雇用ができないと言われたときは，今よりも落ち込
みがひどく，自宅のマンションの窓を見ると自分が飛び降りるのではないかと
思って怖くなり，カーテンを閉めていたことが語られた。

　Ｔｈ は，【周囲：動かない→本人：代わりに仕事を引き受ける→周囲：マナ

ミを頼る→本人：さらに仕事を引き受け，疲弊……】というパターンが，職場でも家庭でも形を変えて起きていると考えた。そして，障害者雇用に関する焦りも加わり，抑うつ症状への対処として図書館に通う解決努力が，さらに過活動を促進している可能性が考えられた。

　Thは，マナミさんの主治医であるR精神科の医師については，温厚な先生であり，障害者雇用についても相談に乗ってくれる人だということを知っていた。一応，そのこともマナミさんに伝えてみたが，案の定マナミさんは「過去のことがあるし，わかっていても怖い」という反応であった。
　セオリー上，Thは主治医にこの相談について報告する義務があるが，単に内容を報告すると，マナミさんの抑うつ状態を悪化させる可能性が考えられた。

Ｔｈ　：今後の見通しについて話をしたいのですが，まずは，障害者雇用を医師に伝える前に，マナミさんの抑うつ状態の対応について考えたいのですが，よろしいですか？
マナミ：はい。
Ｔｈ　：「周りを優先する」とおっしゃってましたが，周りが見えすぎて，「人の仕事を抱えこみやすく，自分が置き去りになりやすい」状態かと思いまして。
マナミ：それは本当にそう思います。
Ｔｈ　：仕事場でもそうですし，旅行のお土産もそうですし，妹さんの家事もそうですが，反射的に目配りをしている。「目が6個ついている」ようなものかなと思いました。
マナミ：確かにそうですね（笑）。6個どころじゃないかもしれない。
Ｔｈ　：あら，目は何個ぐらいありそう？
マナミ：えー，50個くらい？（笑）
Ｔｈ　：多いですね（笑）。だからせめて，1つか2つの目をつぶらないと，頭がパンクしてしんどくなっちゃう，つまり，抑うつ状態になってしまうかなと。でも，「50個の目」はマナミさんの長所でもあるし，コントロールできるようになることが必要かと思います。

マナミ：どうすればいいですかね。

Ｔｈ　：これまでやってきたことを，急に変更するのも難しいと思うので，次
　　　　にお会いするまでに，どんな場面で「目が50個」になるか，探してきて
　　　　もらってもいいですか？

マナミ：はい！　わかりました。

　マナミさんはThの提案を快諾してくれているように見えた。しかし，マ
ナミさんが「周りを優先する」という枠組みと，「過活動」という状況を考え
ると，Thが提案することに過剰にマナミさんが合わせ，負荷がかかるという，
これまでのパターンが治療システムでも起きるのではないかと，Thは考えた。

Ｔｈ　：失礼なこと言ったらすみません。マナミさんの目がバチっと開いたの
　　　　で，今「目が50個」になりませんでしたか？

マナミ：（笑いながら）あー，確かに。今，やるぞ，って思ってました。

Ｔｈ　：ああー，私に気を使わせちゃいましたかね。ただでさえしんどい状況
　　　　なので，これ自体が宿題みたいになっちゃうと大変じゃないですかね。

マナミ：（笑いながら）ああ，まあでも，探すぐらいなら，大丈夫ですよ。

Ｔｈ　：本当ですか？　エクセルの表とかで持ってこないでくださいね。

マナミ：いや，そこまではしません（笑）。見つからなくてもいいですか？

Ｔｈ　：全然大丈夫です。なかったらそのまま教えてください。私に成果を証
　　　　明するのが目的ではなくて，今後マナミさんが自分で「目の数」をコント
　　　　ロールできる方が大切ですので。

　その後Thは，「抑うつ状態の焦りは，正常な焦りと病的な焦りが混ざって
いる。焦りに基づいて動き出すと負荷が余計にかかり，回復が遅くなる可能性
がある。焦りは限界状態のサインとしてとらえ，『図書館に行く』よりはむし
ろ寝るか好きなことをしてもらう方が，回復が早まる」と伝え，マナミさんの
了承を得た。

　また，Thは「心理士として，主治医へ面接をしていること自体は報告をし
た方が，本当は望ましい。障害者雇用の件はまだ話が保留のため伏せておき，

抑うつ状態に対する心理面接をする」という報告をしてもよいか尋ねると，マナミさんは快諾した。

　第2回面接にて，マナミさんは，焦りを感じたときに思い切って寝ていたら，妹が家事をやっていることに気付いたと報告した。また，職場でも，上司から言われていない仕事に手を出したり，後輩の仕事を手伝いすぎることを「50個の目」の例として挙げた。Th はマナミさんが「目」を見つけてきたことを褒めつつも，「無理をして探してきていないですか」と心配していることを示した。マナミさんは笑いながら否定し，「ちゃんと後輩に仕事を任せることが大事と思った」と語った。Th とマナミさんは話し合い，「妹に言葉で家事をするよう伝えること」「後輩におせっかいを少なくする」を目標とした。Th は，「あくまで目標だから，ぼちぼち行ってください」と伝えた。

　第3回面接では，妹に家事を頼んだり，後輩に仕事を振ったりする機会が増えたと報告した。Th は，変化に驚きを示しつつも，「飛ばしすぎていないか」をしつこく確認した。マナミさんは笑って否定し，「目」が開くことはあるが，心身の調子が安定してきたことを語った。Th はあえて，「障害者雇用」という話題は触れずに，「人に頼ること」というテーマでやり取りを続けた。

　第4回面接にて，マナミさんはR精神科の医師に障害者雇用と手帳について相談できたこと，それに伴い，P就労支援機関のキムラ氏と相談し，就労移行支援の制度を利用し，就職訓練をすることになったと語った。Th はここでも驚きを示すとともに，マナミさんがなぜ医師への相談に踏み切れたかを聞いた。マナミさんは，「だいぶ怖かったけど，言わないと前に進まないなと思って」と語り，Th はその決断と行動を労った。

　その後，Th はマナミさんと話しあい，「引き続き人に頼ったり，報告・連絡・相談ができたりするようになること」を課題として共有し，P就労支援機関とR精神科の医師にO職業相談所でのプロセスを面接経過報告書として提出することを決め，面接を終了とした。

⑶　おわりに

　本事例では，あえて主訴である「障害者雇用」に関する話題を積極的に扱わず，「多動性」と枠づけられたマナミさんの行動が含まれる相互作用を探し，「50個の目」という枠組みをキーワードとして面接をすすめた。その中で，マナミさんが家族や職場で起こした「人を頼る」という行動変化が，医師との相互作用にも波及したのだろう。専門家同士が何らかの理由で連携できない場合，膠着した部分と似た相互作用に介入することで，結果的に変化を生むことができるという視点は重要であると考える。

30代男性ダイキさんの事例

「うつで体が動かない」

(1)　はじめに

　発達障がいのある人に二次障害としての抑うつ状態が生じることは珍しくない。その中で，うつ病への直接的な治療の効果が出ない場合，関係者のコミュニケーションに目を向けることで，解決の糸口が見えることがある。本事例では，精神科でシステムズアプローチの視点から，発達障がいとされる男性の家族と職場関係者の支援を行った事例を述べる。

(2)　事例

　ある年の2月，O精神科で勤務するセラピスト（以下，Th）に，医師から30代男性ダイキさんのカウンセリングの依頼があった。カルテには，前の医療機関からの紹介状とともに，これまでの経過が書かれた資料が挟まれていた。要約すると，以下のような経過であった。

　患者は休職中の男性ダイキさん（36歳）。家族構成は，妻（34歳　パート）娘（小学2年生），息子（5歳　ASD の診断）。
　大学院を修了後，大手IT企業にシステムエンジニア（SE）として入社。激務のストレスから出社時に激しい腹痛で出社困難となり，P心療内科を受診した。結果，過敏性腸症候群，うつの診断が下り，服薬治療とともに休職した。
　その後，昨年6月に復職したが，業務量などの配慮にもかかわらず，数週間で再度出社ができなくなった。その後，P心療内科で，「得意分野が限定的である，コミュニケーションが苦手」という理由から ASD の診断を受けた。し

かし，前医療機関の方針に納得がいかなかった様子で，今年の1月にO精神科に転院を希望した。

　初回面接では，ダイキさんは淡々とこれまでの経過を語った。

　今は心身の調子に波があり，外出できる日もあれば，一日中ベッドの上から動けない日もある。外出できたとしても，腹痛ですぐにトイレに駆け込むことがしばしばである。

　一度大学を中退し，再度入り直した経緯があるため，大学院を修了して28歳で入社した。その後，SEの仕事に没頭し，夜遅くまで働いていたところ，仕事ぶりを評価され，2年前の4月にあるプロジェクトのリーダーとなったが，部下を指示する立場になると，現場で動いていた時と勝手が違った。また，部下から質問をされると，入念に指導を行い，さらに頼られることとなり，自分の仕事は後回しになっていった。その後，頼れる部下が激務で休職したと同時期に，腹痛が出現し休職した。

　復職した後は，上司や同僚から初めの頃は気遣われたが，仕事をこなすうちに「完全復活だな」と言われ，業務量が急増した。本調子ではなかったが，期待に応じなければならないと感じ，仕事のペースを上げていき，数週間後に再度不調に陥った。休職期間は6か月以上あり，職場からも焦らずに休養するように言われているが，調子が戻らない。

　また，初めて休職した同時期に，息子が3歳児検診でASDを指摘され，幼稚園に加え療育機関を複数通所することとなった。妻は息子の対応に追われ，上の娘にきつく当たることが増え，その対応を巡って口論になることもしばしばだった。

　現状，妻は家事や子どもたちへの対応でイライラしていることが多いため，カフェなどに外出するが，腹痛でしんどくなり，翌日は寝込むことを繰り返している。

　Thは，他の解決努力について尋ねると，医師から日の光を浴びることをすすめられ，試してみたがあまり効果はなかったとのこと。また，気晴らしにFXに手を出したところ，「70万円ほどブッ込み，溶かしてしまいました」と言った。Thは，驚きを示したが，ダイキさんは淡々とであるが少し笑いなが

ら，日常の笑い話のようにFXのエピソードを語り，今はやめているので問題ないと言った。

　また，前医療機関で，妻と一緒に受診をしたことがあった。その際，ASDの息子の話をした際，ダイキさん自身も質問紙などを取られ，次の受診でダイキさんを「ASD」と診断した。さらに，医師が妻に対して「ダイキさんへのサポートを増やすように」と伝えたが，帰宅後に妻は「私の努力が足りないってこと？　二度と行かない」と吐き捨て，家の中で医療機関の話題がタブーになっている。この話題に関してもダイキさんは少し笑いながら話していた。

　話を聞きながらThが「ここ数年でいろいろ大変なことが起きている」と伝えると，ダイキさんは「確かに，普通の状況じゃなかったかもしれない」と笑いながら語った。

　Thは「状況的にさまざまなイベントが重なって，しんどくなって当然だと思う。1回では時間が足りないため，もう少しお話を聞かせてほしい」と伝えた。

　第2回面接では，ダイキさんは「気分が少し楽になった」と語り，最近の心配事として妻の話題が出たので，Thは現状のやり取りについて情報収集をはじめた。

ダイキ：……妻にすごく気を使わせてるから，早く復帰しなくてはと思うのですが。

Ｔｈ　：どんな時に，奥さんに気を使わせてると感じますか？

ダイキ：家事育児を全部任せきりで申し訳ないので「皿洗いでもしようか？」と声をかけるんですが，「大丈夫」と断られます。でも，どう見ても大丈夫ではないんですよ。

Ｔｈ　：そういう時は，ダイキさんはどうするんですか？

ダイキ：部屋に戻るんですが，どうしても隣で子どもらに対してギャーギャー言ってるのが聞こえてくるので，気が休まらなくて。妻がパートに出ている間に，ご機嫌取りで家事をやったりするのですが（少し笑う）。

　その後，ダイキさんは，子どもたちとも元気な時は遊びたいが，妻に止められていることを話した。Th は，ダイキさんへ「今の現状を，奥さんからどのように理解してもらいたいか」と質問すると，しばらく考えたのち，「調子がいい時は家事などを手伝ったり，子どもたちと遊んだりして，リハビリをしたい」と語った。Th は，その話を具体化していき，「調子のいい日は自分からできそうなことを伝える」という方針を伝えた。

　しかし，ダイキさんは，「専門家（Th）からの説明の方が，客観性があると思うが，妻は医療機関アレルギーだから，どうすればいいのか」と迷いを示した。

　Th は，【本人：妻へ話しかける→妻：本人を止める→本人：自室に戻る】という現状のパターンを仮説化した。そして，ダイキさんの「Th から妻へ説明してほしい」という期待を感じつつも，経過から妻が医療機関に対し，傷つきや不満を感じているということを想像した。そのため，直接的に来談を要請するだけではなく，妻の心情に沿った形で依頼をする必要があると考えた。

　Th は，ダイキさんへ妻に対し「Th に前の医療機関の話をしたら，傷ついて当然の対応だと Th が言っていた。こちらも医療機関なので，負担をおかけして恐縮だが，ダイキさんの経過について客観的な意見が欲しいので，可能であれば一緒に来談してほしい」と伝言をお願いした。

　第3回面接，ダイキさんは妻の来談の了承を得たが，仕事などの調整の関係で，1か月後になることを報告した。

　第4回面接では，近況の聞き取りと，ダイキさんが妻に伝えたいことの整理と，ダイキさんが主に妻に考えを伝え，Th は補足的説明を行うという方針を共有した。

　第5回面接，ダイキさんは妻とともに来談した。妻は，表情が硬く，Th を警戒している様子だった。Th は，妻へ忙しい中の来談を労い，「支援機関への不信があって当然の状態だと思います。こちらの発言で不本意なことがあれば，遠慮なくおっしゃってください」と伝えた。妻は，少し安心した様子で，息子への対応や現状について，前医療機関で理解されていないと感じた傷つきを語った。Th は妻の話を聞くことに徹し，話が一段落したあたりで，ダイキさんの状態に関する話題が出た。

妻　　：（Thへ）この人は昔から会社で何があったか言わないし，抱え込みやすい方だと思います。顔にもあまり感情が出ないので。休職する前は，お酒の量が増えてたから，大変なんだろうなと思ってましたが。

ダイキ：……。（黙って聞いている）

Ｔｈ　：（妻へ）ダイキさんは，あまり顔に出ない？

妻　　：はい。だから，何を考えているかわからなくて。いや，頭がいい人なので，いろいろ考えているのはよくわかるんですけどね。

ダイキ：（Thを真顔で見ている）

Ｔｈ　：（ダイキさんに向かって）ダイキさん，奥さんにこれから変なこと聞きますが，すみません。

ダイキ：ああ，どうぞ。

Ｔｈ　：（妻へ）今のダイキさんの顔と，「顔に出ない時の顔」って同じですか？

妻　　：（笑いながら）えっ？（ダイキさんを見る）

ダイキ：（妻を見て少し笑う）

妻　　：（Thへ）はい，いつもこんな顔です（笑）。

Ｔｈ　：お酒の量が増えてたときも，今と変わらない？

妻　　：（ダイキさんと目を合わせながら）あああー，うん，そうですね。なんとなく暗いオーラはありましたが，顔は今と変わりません。

ダイキ：俺，悲壮感漂ってた？

妻　　：（ダイキさんへ少し笑いながら）うん，どよーんて感じだったね。

　Ｔｈは，上記のやり取りから，もともとの二人の関係は柔軟性がありそうだと考え，直接的なやり取りの促進をしてもよいのではないかと考えた。

　Ｔｈは，「うつ」という「問題」を，「ダイキさんは有能であり，会社で仕事を頼まれやすいが，大変さが顔にも出づらいので周りに気づかれにくく，オーバーワークになりやすい」とリフレーミングを行った。その上で，「自分の考えを整理し，周囲に伝える練習が復帰のために必要」という枠組みを提示した。妻が納得してくれた様子を見て，Ｔｈは続けた。

Ｔｈ　：今日奥さんをお呼びしたのは，ダイキさんがリハビリのために，ご家庭でどうするか,気持ちを整理してお伝えしたいと要望があったからです。しかし，奥さんも相当お忙しいことは重々承知です。だから，奥さんのご意見も遠慮なくおっしゃっていただきたいと思っています。

妻　　：はい。

Ｔｈ　：では，ダイキさん，私も必要であれば入りますので，今のお考えをご説明いただけますか。

ダイキ：はい。（妻を見て）……まだ調子の波はあるけど，家の中で家事とか,息子の相手とか，したいと思ってるんだけど，そっちがめっちゃ忙しそうにしてて，ピリピリしてるからどう声をかけていいかわからなくて。

妻　　：（下を向いて）そうか……。

ダイキ：……。（Th を見る）

Ｔｈ　：（ダイキさんへ）調子のいい時は，どうしたいんでしたっけ？

ダイキ：（Th を見て）ああ（少し考えて，妻を見て）調子のいい日は，家事とか子どもの相手をしたいと思ってるんだけど……。

妻　　：……うん，（涙を目にうかべながらダイキさんへ）ごめん。（Th へ）すいません。

Ｔｈ　：いえ，とんでもありません。

　　Th は，妻に負担をかけてしまったか，とやり取りを止めるべきかと思案したが，新しいやり取りを生むときは，緊張がつきものである。もう少し，妻がダイキさんの発言をどう受け止めているのか，判断することが必要であった。しばらく Th が黙っていると，妻が口を開いた。

妻　　：（ダイキさんへ）……家事は，いろいろ段取りあるし，子どもの相手なら，お願いしたいかな。

ダイキ：ありがとう，まずはそこから，やらせてほしい。

妻　　：うん，わかった。……。（Th へ）はい。

Ｔｈ　：（妻へ）奥さん，どうですか？　今の内容で，本当に大丈夫？　心配事がもしあれば，忖度なしでおっしゃってください。

妻　　：はい，今の話は，本人がやりたいなら，全然大丈夫なんですけど
　　　　……。……Th さんに，主人のサポートを本当にお任せしてもいいのかと
　　　　思って。

　Th は，もしかすると自分の対応に不備があったのかと思い，焦った。

Ｔｈ　：すみません，もしかして，こちらの対応に不安などがございまし
　　　　たか。
妻　　：いえ，そうではないんです。私が本来彼のサポートをすべきなのに，
　　　　家庭を安心した場所にできない自分が情けなくて，うつを長引かせている
　　　　のではないかと……。
ダイキ：（首をかしげる）
Ｔｈ　：ダイキさん経由でもお伝えしましたが，ご家庭がうつの原因とはまっ
　　　　たく思っていません。そして……。

　Th は，妻の自責感とうつの問題を切り離す必要性を感じ，さらなる説明を
しようと試みた。しかし，当初の目的は，ダイキさんのやり取りの促進だった。
ここで Th がしゃべりすぎると，2 人のやり取りを止めることになりかねなか
った。

Ｔｈ　：ああ，すみません，ダイキさん，（妻の方を手で指して）どうぞ。
ダイキ：（妻へ）……家では，本当によくやってもらってるし，絶対に君のせ
　　　　いじゃない。俺の問題として，今後は仕事量のセーブもしないとなって
　　　　思ってる。（少し笑いながら）あとは俺の顔，そんなにわかりにくい？
妻　　：（笑いながら）まあ，それはあるね。
ダイキ：整形する気はないけど，これからは口で言うように頑張ってみるよ。
妻　　：うん。わかったよ。

　Th は，2 人のやり取りがひと段落したことに安心しつつ，ダイキさんの
「顔に出にくく，淡々と冗談を交える」という会話スタイルが，周囲から心配

されにくいパターンの一部となっていることを想像した。

　そして，妻に多忙中の来談についてお礼を伝え，今後「ダイキさんが周囲に言葉で伝えること」を課題とし，面接を継続することを共有した。

　その後，ダイキさんは活動性が上がり，妻と話し合い，家事も一部担ったり，子どもと外に遊びに出かけるようになる中で，本格的に復職を考えるようになった。

　第8回面接にて，ダイキさんは「上司がこちらに話を聞きに来たい」と言っている，と語った。医師も OK しているとのことで，Th は快諾した。Th はダイキさんに「顔の件」について，「淡々と冗談を交えながら話すダイキさんのスタイルは，日常生活では何の問題もないが，復職のリハビリ期間においては，周囲に『もう大丈夫』と誤解されるリスクがあるため，上司と共有していいか」と確認すると，ダイキさんは笑って快諾した。

　第9回面接，上司とダイキさんの同席面接。Th は上司へ，ダイキさんの「顔の件」について伝えた。

上司　：確かに彼はまったく顔に出ないから，僕も気づいてあげられなかった。

Ｔｈ　：（上司へ）休職する前に，些細なことでも，前兆のようなものはありませんでしたか？

上司　：そうですねぇ，あえて言えば，あっちこっち歩き回ったり，目的のない動きが増えることがあったかも。

ダイキ：ああ，その時はたぶん，考えごとをしてました。すでにおかしかったのかもしれないですね。

上司　：（Thへ）そういう時は，どうしてあげるといいですか？

Ｔｈ　：そうですねぇ，（ダイキさんへ）どうしてもらうといいと思います？

ダイキ：うーん……，（上司へ）自分ではまだ正直，調子の波が自覚できないので，ヤバそうだったら，「ヤバそうだよ」って声をかけてほしいですね。

上司　：（ダイキさんへ）おう，それぐらいお安い御用だ。

　その後，上司は同僚にも事情を説明し，同様の対応を取ってくれると約束し

てくれた。Th は，復帰後は，ダイキさんが一時的に「軽い躁状態」になることがあり，一見元気に見えても仕事をしばらくは増やさないように上司へ依頼し，了承を得た。

　職場の産業医へも，Th は医師の意見書とともに面接経過報告書を送付した。その後，ダイキさんは復職訓練を開始し，時折波はあったが，「周囲に自分の状態を説明する」ことや「周囲に仕事を任せる」という課題をこなしつつ，復職が達成された。

(3)　おわりに

　本事例では，ASD特性とみなされがちな，「コミュニケーションの独特さ」が，どのように関係者へ影響を与えているかを見立て，介入した。また，家族支援では「本人へのサポートの要請」を行うことが一般的であるが，本事例においては，対応そのものが結果的に妻を支援機関から離脱させていた。そのため，あえて「顔に出ない顔」という枠組みを扱い，「本人から家族へ働きかける」という方向性で働きかけを行った。そして，夫婦面接の展開を発展させる形で，上司との面接で職場での「顔」に関する同様のパターンを変えるように働きかけた。
　このように，「特性理解についての説明」は，関係者の置かれている状況も考慮し，説明の仕方を支援者側が考慮することが重要である。

第5章

発達支援の前提への挑戦
—— 一般的な発達障がいの当事者への新たな対応指針にむけて——

　ここまではシステムズアプローチによる発達障がいの「支援のための考え方」と「実践的な指針」，そしてそれらを用いた「具体的な事例」を示してきた。こんなふうにうまくいくことばかりではないはず，と思われることもあると考える。確かにシステムズアプローチによる対応では，発達障がいの支援に多くの人がかかわることを想定しているため，これまでとは異なる新たな問題が生じることも少なくない。その一部は，新たにかかわる関係者に「あまり知られていないような背景」が影響していることも少なくないと考える。いわば，システムズアプローチによる発達障がいへの支援が新たな取り組みである以上，そこにかかわる多くの関係者にとっては，「これまでにない，新しい支援のあり方」を要請されることになり，これまで議論の俎上にも上らなかった細かな問題が顕在化されてしまうことも少なくないのである。

　そこで本章では締め括りとして，システムズアプローチに取り組む中で生じる可能性のある問題について述べたいと思う。苦言として映る可能性のある話題を，あえて提供しておくこととしたのは，システムズアプローチによる発達障がいへの支援が今後広がる可能性があるとするなら，そこで生じる新たな出来事として，どのようなことがあるのか，そして，既存の援助組織や援助者の常識の中に，発達障がいへの支援だからこそ短時間でアップデートが求められる視点があることを示しておきたいと考えたからである。システムズアプロー

チの立場から関係者により留意していただきたいと考える視点を示すことで，これまで以上に発達障がいへの支援の有効性が高まることを期待してのものだと受け取っていただきたいと思う。

　またそれは，専門職以外の保護者や知人など発達障がいの当事者に関係する多くの人にとっても有益な情報提供になればと考える。それぞれの専門家がこれまでに試行錯誤しつつ支援の有効性を求めていながらも，ある種の矛盾を抱えた実践となっていたり，当事者への支援の必要性を前提とするあまり，多大な苦労をせざるを得ない社会的現実が山積したりしていると考える。そこに抗いつつも，支援を続けていることを知っていただくことが，保護者などの関係者がこれまで以上に専門家とのつながりを深めるための材料になることを期待したいと考えている。

1 「知能検査」は何を明らかにしているか

(1) 検査精度の向上

　知能検査は，発達検査などの名称で語られることもあるが，「知能障害」といわれた一群の障害の度合いや特性を判別するための検査方法として発展したとされている（中村・大川，2003）。そしてここ20年ほどの間に，検査の多くが「より精度の高い結果を提示できるもの」として発展してきている。また，これらの検査は，定型発達ごとの知的能力の向上，いわゆる年齢ごとの能力の向上を前提として，獲得しているとされる能力を科学的に測定できるような相関を厳密に規定している。

　では，それらの知能検査は，何をより明らかにするものとして提案されてきたのだろう。それは，個々人の発達特性をより詳細にとらえるため，項目ごとの基礎データの精度を向上させ，検査ごとの目的をより正確に測定できるように，段階的な改訂が加えられてきた。いわば，より簡便な手続きで，より詳細に項目ごとのデータの差異が現れ，それらの基礎データを包括的に処理する手続きを経ることで，結果的にどの程度の知能的な問題の可能性があるのかを明

らかにできるようになっているのである。つまり，知能検査の「結果」が示されることによって「どのような知的能力の障害があるのか」，いわば受検者にとっての日常生活で，どのような困難が生じているのかというつながりをより簡便に明らかにする。

(2)　検査精度の向上によって，個人の行動特性を把握できるのか

　では，知能検査の質的向上が知能障害の有無とのつながりをより簡便に明らかにすることに貢献しているとすれば，それは誰にとって有益なものとなっているのかを再度考える必要がある。検査ツールの精度向上は，誰に何をもたらしているのか。それを明らかにする必要もあるのではないかと考える。

　それぞれの検査のツールや手続きの変更によって，受検者の個人特性の特徴は，これまで以上に明らかになっている。個々の下位検査ごとで判定される結果の精度が向上していることは明らかで，検査者にとっても発達障がいの当事者である受検者にとっても有益である。個々の検査の下位データの精度が向上すれば，これまで以上に全体のデータ処理による妥当性の精度も向上する可能性は高い。よりはっきりと障害としてどのような特性があるかを，ある程度のガイドラインで示すことが可能となるため，検査結果の精度向上が寄与していることは少なくない。

　しかし，これらは障害の当事者である受検者にとって，必ずしも自らの日常における障害特性が把握できるものにはなっていない。検査の精度は向上しているのであるが，その検査者／分析者が検査結果のデータをどの程度受検者の日常に反映できるように分析しているのかについては，まだ疑問が残る場合も多い。加えて，これらの検査の結果から「診断」に結びつける社会的役割のある専門的でない精神科の医師が，発達検査の分析データを闊達に活用できるための基本スキルの獲得に追いついていけていない場合もまだまだあると考えられる。

　知能検査の質的向上という情報に対する拡大解釈は，避けるべきことだと考える。受検者である発達障がいの当事者にとっては，自分にどのような特性があるのかを判断するための検査の精度は向上していて，その結果を分析する段

階での結果の相関を受検者の日常行動に結びつけてフィードバックがされることが基本となっている。しかし，検査者／分析者の側にとってその精度向上を生かすためのスキル獲得が追いつき切れていない場合がある。同様に，専門ではない精神科の医師にとっても，検査者／分析者が受検者の日常とのつながりをよりはっきりとわかりやすく反映されているのであれば，受検者の治療計画をよりはっきり共有できる可能性が高い。しかし，分析結果の精度が低かったり，結果データから日常の困難を類推できることに熟練したりしていなければ，検査そのものが単なる「障害の有無を判断する」ということにとどまってしまうこともある。

　このような事態は，社会的に「発達障がい」という疾患に対する情報が急激に広がり，そこに必要な社会的支援体制が追いついていないことを示していると考えられる。いわば，受検者だけでなくその支援者を含めて，日常場面における障害の特性が理解できるようになるとは限らない可能性がある。

(3)　検査の下位カテゴリーの相関関係から個人特性を読み解く

　知能検査のフィードバックは，検査の結果報告として必ず行われる。しかし，そのフィードバックの内容は，一定の数値が示されたという報告にとどまっていることが多く，下位検査間の相関の基本的な特徴だけを数学的に処理し，その結果から精神科医が「障害の有無」を判別するという作業に重きを置かれてしまっているのが現実である。確かに検査の前段階では，発達障がいの当事者にとって，「障害の有無」が明確になることも重要な要望の1つである。しかし，仮に「障害がある」との結果が示されたとしても，それがどのような障害であるのか，具体的に自分が日常生活で困っていることがどのような特性とつながっているのか，そしてその改善のためにはどのような今後の対応が有効であるのかなど，受検者や関係者が望んでいた「これからのこと」については，ほとんどフィードバックの中で触れられることが少ないのが実情である。

　これは，知能障害の検査ツールの問題ではなく，検査担当者が検査データの下位カテゴリーごとの相関関係をより細かく把握し，相関関係から発達障がいの当事者の日常行動に，どのような特性があるのかを理解できるだけの能力を

備えているのかということである。いわば，知能検査そのものの機能としては，受検者の日常における困難を明らかにできる可能性があり，その判定材料としての機能に特化している。そこで，知能検査の下位カテゴリーと知能障害や発達障がいの当事者の日常的な困難感との関連が把握できるデータ分析の経験値が求められ，これらを補塡するための，新たな指標として提示されたのが，MSPA（Multi-dimentional Scale for PDD and ADHD：発達障害用の要支援度）である。

知能検査のフィードバックを行う際には，できるならば，受検者の日常を充分把握した上で，検査者が検査の下位データの相関関係からどのような障害の可能性があるかを類推することが望まれる。そして，日常的な対応をできる限り改善できるように，例えば療育的対応との組み合わせや，機能性訓練や社会性獲得のSSTなどとのつながりを含めた，日常の改善策を示すことや，このような社会的資源を知っておくことが望ましいと考える。

しかし，受検者の日常での問題や困難感の軽減に結びついている「これからの日常のあり方」という指標をフィードバックに含めるべきなのかについては，議論があるかもしれない。それは，発達検査のフィードバックは，あくまでも「検査の結果にとどまるべきである」という議論も存在すると考えられるからである。一方，臨床的支援に関与する立場であれば，フィードバックに「これからの日常のあり方」につながる指針が獲得できることに対する期待は大きいと考えられる。こうした新たなフィードバックが可能になれば，関係者からの働きかけそのものが受検者に対する療育的な機能を持つという，かかわりの理想形が実現すると考えるからである。

② 「検査が必須」という場合の前提の差

(1) 排除の論理

2004年の「特別支援教育法」の制定以来，教育現場を中心に発達障がいの当事者に対する「排除の手続き」が見え隠れするようになった。通常学級の担任

たちの間に、「集団行動に適応できなかったり、突飛な行動をしたり、特定の学習に関しての理解ができなかったり、粗暴で暴力的ですぐにパニックになる」などが、発達障がいの当事者の障害の特徴的な行動であるという部分のみが喧伝されたからである。特別支援の対象となる発達障がいの当事者について詳しく理解ができていない多くの教職員には、これらの行動特性に類似する傾向のある児童・生徒に対して、「特別支援の対象となる子どもではないか」との思いが強く反映していると考えられる。

　これには2つの思惑が存在している。1つは、教職員が子どもの将来を見据えているがゆえに、もし発達障がいの当事者であるとすれば、早期段階から療育計画に則った対応を促すことで、療育的対応や機能訓練などによって、少しでも障害特性の軽減や解消につながることを希求している場合である。もう1つは、類似する発想ではあるが、クラス運営において、発達障がいの当事者と類似する行動が見られる児童・生徒に対して、あえて「障害の存在可能性」を拡大解釈し、結果的に当該の子どもをクラスから排除することによって、クラスの他の児童・生徒が当該の子どもから受けるマイナスの影響がなくなることを考慮している場合である。

　いずれの場合も、当該の児童・生徒だけでなくその保護者に対しても、同様の「発達障がいの当事者の可能性」を検討することを指導することになる。ただ、それをどのような文脈で保護者に伝えるか、伝わるかによって、当該の教職員の考えとは異なる影響が現れる場合も少なくない。保護者が「子どもの今後を慮っての進言であった」と肯定的に受け止める可能性から、「問題のない子どもを障害児としてクラスから排除しようとしている」と否定的に受け止める可能性まで、いろいろな可能性が生じると考えられるのである。

(2)　状態把握の論理

　こうした教職員と保護者との間で交わされるやり取りに、必ず登場するのが「発達検査」という話題である。教職員は、教員免許の取得段階で発達障がいに関する基礎的な知識を獲得することは求められている。しかし、より専門的な知識を学校で持っているのは、かつて障害児教育と呼ばれていた領域で、近

年では「特別支援教諭」という特別な免許を取得した教職員になる。したがって，通常の教職員は，当該の児童・生徒の集団内における気になる逸脱行動の理由がわからないため，発達障がいではないかと考え，より専門的な判断を求める手段として「発達検査」を推奨する傾向がある。

　2016年に文部科学省から「チームとしての学校の在り方」というガイドラインが示され，教職員間での連携を図ることが推奨されている（文部科学省，2016）。しかし，多くの学校現場では，それぞれの学級のことについては，担任の専権事項であるかのような文化があり，他職種との連携を望むか否かの判断も，その担任に任せられているという学校特有の文化的影響も根強く残っている。そのため，実情は「チームとしての学校の在り方」というガイドラインに示された連携が機能していないことがほとんどになってしまっている。

　しかし，教職員が保護者に対して「検査依頼をする」という行為は，前述のような2つの考えを持つ立場からの依頼であることも頭に置いておかなければならない。児童・生徒の成長のためという肯定的側面から，当該クラスからの排除のためという否定的側面まで，多様な意図が背景にある。ただ，多くの保護者は「『教職員』という学校教育の専門家が『発達検査を受けた方が良い』との判断から検査依頼をしたのだ」という事実，それだけで当該の児童・生徒が「発達障がいであると判断された」という意味を持つものと受け取ってしまう危険性さえ生み出してしまうのである。

　その危険性を排除するためには，まずはどのように保護者に児童・生徒の状況を伝えるのかに注意を払うことである。検査依頼することそのものより，背景に「子どもの将来に向けて配慮や強い関心を持っていること」など児童・生徒に対する思いがあること，「自分の能力では明確な判断ができない」という教職員の専門性の限界などがあることなどを，伝える方が望ましいと考えられる。

　ただ，そこには上記のように教職員と保護者との間に疑心暗鬼を生じさせる要因がいくつも存在している。そうした疑心暗鬼を払拭する対応が求められていることは理解していたとしても，具体的にどうしたら払拭できるのかについての指針は，まだ示されていないのが実情である。

⑶ 肯定と否定の混在

　教職員と保護者との間の「検査依頼」を巡る疑心暗鬼は，それ以降，さまざまな面に影響を与える。子どもの発達をできる限り支えることを目的とした学校教育の現場を例に示しながら，発達障がいの当事者である子どもにかかわる関係者を整理してみる。

　子どもの発達を支援したいと考えている教職員と，そうではない教職員。子どもの将来の可能性を前向きに考えている保護者と，日常に振り回されて子どものことどころではない多忙な保護者。適切な知能検査を行い，今後のための指針を含めたフィードバックを行える心理判定員と，検査結果の数値だけで障害の有無だけ判断するような心理判定員。積極的に発達障がいの当事者に沿った指針を示すために，両親から幼少時の特性の聴取をし，知能検査のフィードバックを深く読み解くことができる精神科医と，知能検査の数値の結果だけから障害の有無を判断して薬物療法のみを勧める精神科医。

　最も両極端な専門家や保護者を例示・列記してみた。発達障がいの当事者である子どものための支援が最も実現できる可能性が高くなるのは，言わずもがなである。しかし，実際の現場ではこのような理想的な環境が設定されているはずはなく，足りない部分や不可欠な部分を補い合える人間関係が構築できるのかが重要になる。

　こうした全体を俯瞰する視点は，これまでのどのような専門家教育の中にも存在しておらず，ごく一部の専門家が現場での必要性から理論的知識としてではなく，経験則などのカンのようなものに頼った専門性として語ってきた経緯がある。したがって，発達障がいの当事者に対して，それぞれの関係者がどのような考えを持ち，どのような立場から何をどうしようとしているのか，関係者がお互いに読み解ける情報を相互提供できなければ，意味のないものとなってしまうリスクもある。

　少し過激な表現と思えるかもしれないが，発達障がいの当事者にとって，どのような支援者に会えるかは，まさに博打のようなものだと考える。どのような家庭状況にある保護者の下で生活するのか，生まれてきた環境であるかぎり，受け入れざるを得ないものであるが，その調整によって生活に余裕を生み出す

ことができる可能性はあるかもしれない。そして，どのような教育理念を持つ
教職員が担当するのか，当該の学校の管理職が発達障がいの当事者に対してど
のような教育指針を示そうと考えているのか，またどのような担当者を当てる
のかなどは教育委員会の人事案件に依拠している。知能検査に関するどのよう
な理解と対応ができる心理判定員なのか，これは残念ながら現在期待ができな
い領域であるといえる。多くの心理判定を行っている心理専門職員は，今後に
つながるようなフィードバックをすべきだとの教育を受けていないことが多い
からである。そして，精神科医に関しては，児童精神科医の絶対数の少なさと
ともに，発達障がいの当事者に対する対応の柔軟性を持っている存在は，奇跡
に近い数と考えても良いかもしれない。

(4)　「検査依頼」が生み出しているもの

　悲観的な想定を示したが，では検査は不要かといえば，決してそうではない。
ただ，現在の社会的・環境的問題を充分に把握しないまま，単純な「検査の必
要性」の議論だけが先行していることには，はっきりと疑問を投げかけるべき
であるし，現状でできうる対応という代案を知る必要がある。それには先に触
れた発達障がいの当事者を中心とした生活や治療的対応や支援にかかわる関係
者の全体を俯瞰した視点が持てるコーディネーター的役割の存在が今後増えて
いくことが不可欠だと考える。
　ただし，こうした提言を行うコーディネーターの役割や果たすべき機能の多
くは，人間関係にかかわる調整が求められるため，全体が見えるだけでなく，
どのようにかかわるとどのような変化が起こるのかを読み解けることが必要で
ある。それがまさに，本書で扱ってきたシステムズアプローチという対応がで
きる支援者だと考える。
　発達障がいのある児童・生徒への対応については，法整備がはじまったばか
りの段階で，行政的対応の歪みがあるまま実施し続けているという現状にある。
したがって，「検査依頼」という対応そのものに対して別の意味づけが多数生
まれてしまっているのである。そしてその誤解に満ちた意味づけが，これから
の発達障がいの当事者に対する支援を前向きに考えている人たちに対して，不

要な疑心暗鬼を生み出している元凶であることを，はっきりと理解しておく必要があると考える。

③ 「親教育」の「親」についての言われなき前提

(1) 発達障がいを理解するのはどうして母親なのか論

　学校や幼稚園・保育園などにおいて，児童・生徒が発達障がいである可能性があると判断された場合，その可能性を保護者に伝達するのは当然である。しかし，なぜその多くが「両親」ではなく，「母親」へとなっているのだろうか。世間の発達障がいをめぐる議論の中では，その点への疑問が，ほとんど扱われていない気がする。この伝達対象の「保護者＝母親」という考え方そのものが，日本の教育文化の形骸化された悪しき常識によって生み出されている。その何気ない悪しき慣習が，現在だけでなく，今後を含めた発達障がいの児童・生徒への支援に，多大な悪影響を生み出す要因になっていると考える。

　まず，学齢期までの保育園・幼稚園などの場合，園の関係者が日頃から直接顔を合わせている存在の多くは，「母親」になっている。また，社会文化的に幼少期の子どもの日常的な対応をしている，またはすべきであるとされているのも「母親」になっている。加えて，これまでの発達心理学においても，幼少期の子どもへの対応の主体は「母親」の存在だけが議論の中心として扱われてきた経緯がある。

　また，小・中学校でも教職員からの何気ない日常的な伝言や相談事などに関しては，なぜか「母親で良い」という文化が存在している。これは保育園・幼稚園文化を引き継いでいるという面もある。加えて，家族ライフサイクル上，この時期の両親の多くは，社会的に重要な位置づけを与えられる時期になっているため，多忙であることが暗黙のうちに了解されている。したがって，結果的にこれまで社会進出していないことが多かった女性，つまり「母親」の存在が，学校と家族との窓口的役割として位置づけられることが当然視されている。

　しかし，その「母親」は，当該の児童・生徒の健全育成のための，より大き

な文脈の「家族」や「夫婦」の一部として機能している存在に過ぎないのだと，再度明確に意識しておくべきではないか。医療場面を想定してみよう。児童・生徒に何らかの重大な疾患が見つかった場合，医療者がその説明の場面に求めるのは，「保護者」という存在ではなく，児童・生徒の「養育者」である。これは，子どもから手術や処置の同意を得る代わりに，「養育者から同意を得ること」が医療行為を行う前提になっているからである。確かに最初の受診や検査に付き添っていることが多いのは母親かもしれない。しかし，その段階で何かの重大な疾患や欠損などがわかったとしても，「わかったこと」のみはすぐにその場で伝えるが，今後の対応をどのようにするかなどの説明・判断・同意が必要なときは，別途「ご両親で……」や「ご家族で……」ということにして，母親だけに判断を求めることはない。

(2)　日常的な対応の共有は「できて当然神話」に基づいている

　母親が家族の代表者であるかのような社会的応対が常態化している前提には，日本の家族に対する神話的見立ての存在がある。それは，家族の誰であっても，社会から提供された情報を正確に他の家族に情報伝達し，家族独自の情報処理を行うはずである，との神話である。

　こうした日本の家族に対する社会からの見立てには，歴史的経緯に基づく根拠があると考える。1つは，江戸時代以降の家父長制度や身分制度，職業制度など，「家族単位での社会的な責任の踏襲」を基盤とした「イエ制度」の影響だと考える。家族の誰かに問題が生じた場合，その責任単位は「家族」であり，当時の言葉で「村八分」などと呼ばれる対応をされることを余儀なくされていた。これは，「家族」の中での責任の分担がどのようになされているかは問わず，結果的に「社会から必要とされている対応を家族で処理できれば良い」という暗黙の強制があり，家族内で応じるべきであるという不文律な前提が社会に普及している。それがその背景の一因だと考える。

　これまでの多くの場面で「母親」が相談の場に呼び出される理由は，「母親を通じて児童・生徒に関する重要事項を伝えておけば，家族内で何らかの処理をして，必要な反応が返ってくるはずである」という暗黙の了解の下に行われ

てきたと考えられる。しかし多くの場合，この前提に基づいた伝達は，家庭内のトラブル因子となる可能性が高いと考えられる。それは，こうした伝言ゲームには，正しく情報が伝達されるのかという問題や，その伝言内容についての新たな疑問が伴う可能性，伝言内容に対する是非を巡る新たな葛藤の生成などが考えられるからである。

児童・生徒の発達障がいの可能性やその対応に関する重要な話し合いや意思決定を求められる場面など，日本文化において家族の機能が高度に期待されているためかもしれないが，母親が組織との窓口で良いという暗黙の前提が常態化しているのは大きな弊害になっていると考える。専門家との交渉ごとに，それが例え医師ではない「学校の教職員」であったとしても，児童・生徒の今後にかかわる大事な話し合いの場面には，保護者と呼ばれている複数の家族が応対の前提となるべきだと考える。

「母親」を介して家族の意思決定を求めるという方法は，不要に家族に対する負荷をかけていることになっているという自覚が社会に求められても良い。発達障がいのみならず，問題を持つとされている児童・生徒に対する学校や社会の取り組みの基本が，「母親」を介したものとなっている現状についても同様の対応の変更が望ましい。しかし，それを阻んでいる別の社会的圧力も存在すると考える。

(3) 「社会」ではなく「親が責を負うべき」が当然視される文化

日本の文化，特に「家族」にかかわる文化には，海外にはない特別な部分があるという話は，多くの方が耳にされたことがあると思う。ここで取り上げることも，そうした日本独自の考え方，社会のとらえ方といえる問題だと考える。

社会問題とされた事例で「発達障がいの当事者」が起こしたと考えられる事件のほとんどは，その直後に事件を起こした児童・生徒の特徴が情報として提示されるとともに，必然であるかのように家族や関係者が特定され，「加害者の家族・関係者」として着目される。そして，マスコミの多くは，直接的には言及はしないものの，事件を起こした児童・生徒の行動の責任の所在を「親の責任」という文脈で明示しようとする。

　こうした報道をマスコミがこぞって行う背景には，社会感情として「事件を起こした子どもの責任は，その子どもを適切に制御できなかった親にある」という思いがある。社会的な責任の所在が，欧米流の個人主義的な「個人の責任」ではなく，日本流の「子どもの問題は親がその責を負うべき」という姿勢や，「家族の誰かが起こした問題は家族全員の責任」という考え方が主流となっている。

　児童福祉法の前提となる指針には，「社会が未成年の児童の健全育成に寄与すること」が前提とされている。障害者福祉法などの他の法律についても，障害を持つ人たちの不利益の改善・克服に「社会」が関与することを謳っている。ここでいう社会とは，すべての国民という意味であり，文字通りすべての人が主語になるべきことである。しかし，実際の社会感情の多くは，「社会正義という大義名分」を利用して，「親」が子どもの行動制限だけでなく，成長・発達についての責任を負うことを求めている。

　また，都市部を中心に，近隣社会の崩壊が嘆かわしいこととして語られている。さまざまな小社会集団が家族の過不足を補う機能を持っていたことも，多くの家族研究の領域で語られている事実である。しかし，ここで述べている否定的な社会感情の背景には，崩壊してしまっているはずの近隣を中心とした小社会集団の「否定的な掟条項」が大きく寄与しているのは間違いないと考える。このような，日本独自の古い家族文化における「家族意識」からの脱却は，単純な意識改革では難しい。ただ，少しでもこうした意識が変わることを目標とすることが，発達障がいの当事者が社会的な支援をより包括的に受けることができるための基礎的な社会文化として必要不可欠なものだと考える。

　現在の日本の社会福祉施策の多くは，「施設による支援」が主流となっている。その対応に関しては，障害を持つ多くの人やその家族に対しては，ある程度は「社会が人を支援する」という構図になっているが，一方で大きな課題を提示している。それは，施設の存在がほとんど周知されていないために，結果的に社会との垣根を作ってしまっていることである。前世代の「障害者の囲い込み排除」といった構図を踏襲しているかのような結果になっていると考える。施設に暮らしている障害者なども含めて，社会が発達障がいだけでなく多くの障害や難病などの困難を持つ人を受容することが普通になるためには，義務教

育段階から偏見や差別のためではない「適切な理解」と「直接的なかかわりの場面」を創造し，社会活動の一部として位置づけることが，今後のより発展した福祉施策の中で取り組まれるべき課題であると考える。

④ 療育訓練は，「個別のプログラムである」という神話

(1) ある面の「最前線」の「最優位」の対応

　発達障がいの当事者への支援を考えた場合，障害の克服や改善のための方法として着目されているいくつかの訓練プログラムがあることはよく知られている。1つは，乳幼児の段階から取り組むことができる「感覚統合」で，これは感覚器官への刺激促進を図ることで，脳機能の発達促進を促す。生理学的背景を説明概念として成立・実施された方法論として確立している。また，知的障害のある子に対して長い歴史の中で行われてきた発達支援のための生活訓練を基盤とした「療育訓練」も，発達障がいの当事者支援の方法として語られることが多くなっている。これらのプログラムは，発達障がいの乳幼児から児童・生徒まで，中には成人後診断された大人に対しても，さまざまな場で提供されている。

　これらのプログラムを活用することは，発達障がいの当事者への支援として有益であることは，言うまでもない。発達障がいの当事者が乳幼児であれば，感覚統合を取り入れるのが有効であり，学齢期の児童・生徒であれば，療育訓練を日々の生活に生かすことも有効だと考える。それは，発達障がいの当事者にとって，現状で「できないこと」に，どのように対応をすればよいのか，「普通にできる」ためにはどうすればよいのかがまったくわからないからである。根本的な治療ではなく，生活の中での「違和感の軽減」を目的としたものにならざるを得ないが，それでもこれらの取り組みの有無の違いは，大きなものになると考えられる。

　しかし，システムズアプローチの立場から見れば，こうした「最優位」の方法を提供している「最前線」にさえ，新たな誤解が生まれていると感じること

が増えてきている。

(2)　効果的で有効なものを希求しないという責任

　この「療育」という用語は，本来発達途上にある障害を持つ子どもに対して，主に教育領域で実施・発展してきた訓練プログラムを指す。その元になっているのは，「障害児教育」という学問領域で，肢体不自由児を中心とした教育的対応として，重度の身体障害と知的障害の子どもの発育促進を期待して行われてきた生活技能訓練に近いものである（小崎，2016；芝崎，2002）。この取り組みが発達障がいの当事者に対しても有効であるとされた経緯の詳細は不明であるが，教育の世界では，1980年代の時点でも，知的障害までではない当時は発達障がいとさえ明確にされてこなかった子どもに，感覚統合が導入される以前から，療育訓練の内容を応用した対応が効果的であることが実証されていたといわれている（高取，2012；平田，2021）。

　しかし，これは日本において現在の，発達障がいの当事者に対して行われている訓練であるが，世界的に見た場合，このような訓練プログラムは，もっと多様な種類が見られる。例えば，イギリスで行われているLD児に対する集中的訓練プログラムは，以後の社会生活で必要な対応を獲得させるために，障害ゆえにできない機能を回避し，代行的な方法を徹底して身につけさせようとする。アメリカでは，ロヴァス（Lovaas, 1987）の応用行動分析による自閉症児への早期集中介入から発展した行動的アプローチが有名である。例として，ケーゲルら（Koegel & Koegel, 2012 小野・佐久間・酒井訳 2016）のPRTは，児童のモチベーションや自発的な質問など，他の適応行動に変化が波及されやすい領域への集中的な行動介入のプログラムである。また，行動的な視点に加えて，子どもの発達段階を重視するDIR／floortimeモデル（Greenspan & Wieder, 2006 広瀬訳 2009）やRDI（Gutstein, 2000 杉山・小野監修 足立監訳 坂本訳 2006），共同注意や象徴遊びの療育を通じて対人関係や自己調整を獲得するJASPER（Kasari, Gulsrud, Shire & Strawbridge, 2022）など，子どもの日常生活における自然な介入を重視したプログラムが多数開発されている。他にも，軽度の広汎性発達障害の児童に対して，徹底して本人の主体的行動

に周りが寄り添い，定型発達への回復を目指したプログラムである Son Rise（Kaufman, 1994）も存在し，アメリカの一部で評価されている。

このような世界的な状況を振り返ってみると，日本の教育領域で発展し，現在までも発達障がいの当事者に応用することで，有効に機能しているとされている「療育訓練」であるが，その有効性ゆえのジレンマはないのかと感じる。そこにあるのは，多くの療育の実践者が口にする「何もしないより，まずできることを試して，そこで少しでも困難が軽減することが必要だ」というある種の正論である。現在でも学齢期に至るまでの発達障がいの当事者に対して，適切な療育訓練プログラムを提供できるところが限定的であるため，発達障がいの当事者を抱える多くの保護者は，奪い合うように訓練を実施しているところを探し求めている。ただ，その多くは，「療育訓練」の実際を本格的に身につけているとは言い難い，取って付けただけの「療育訓練」を提供している場合も少なくないのである。古典的だが象徴的な例として，TEAACH の実践を標榜する支援機関が「絵カードによる時間割が貼ってあったのみだった」という報告もある（中根・内山・市川編，1997）。

社会全体がその必要性を理解し，訓練を習得した専門職が増えることは期待されているが，まだ簡便な理解だけで実施できるものであるかのような誤解がまかり通っているのも事実である。また，日本における療育訓練はさまざまな技法が開発・提唱されているが，その効果についての検証が不明瞭なことや，さまざまな情報が混在しており，利用者の混乱を招いていること，療育的対応の技術が研究者や NPO 法人のレベルにとどまり，有効性や実施内容が明確化されていないことも指摘されている（尾崎・三宅編，2016）。

特別支援教育の領域が核となる専門領域だが，少しでも幼児教育の一部のプログラムとして取り入れられたり，臨床心理学や社会福祉学の一部に，正しく適切な「療育訓練」を実施できる専門職が増えたりすることが望まれる。

(3) 「個別」と「パターナリズム」の僅かな違い

「療育訓練」という方法を，少しでも有効性のあるものとして取り入れて対応しようとする姿勢そのものに対して，批判的な発言をするつもりはない。そ

れでもシステムズアプローチの立場からすれば，高度にプログラム化されている療育訓練をいくつか見せていただき，実施している場面でもいろいろな話を伺った経験もあるが，自信を持って「療育訓練」を実施されている方や組織になるほど，自らの方法のある種の優位性ゆえに，こういう状態に対してはこれが良いのだ的な囚われがあると感じる。

　「療育訓練」は，ある障害特性を持つ子どもに対して，その障害ゆえに社会で求められている行動や判断，応対などができないときに，その代行手段としてそれぞれが対処方法を身につけていくことを求める。つまり，複数の障害とされている機能的部分とそれを乗り越えるための訓練内容は，常に関連したものとして位置づけられていると考えられる。例えば，相手との話の中で出てきた「約束の時間」や「待ち合わせの場所」などを覚えておくことが求められていても，それを失念してしまう「短期記憶の障害」がある場合の訓練内容を考えてみよう。多くは，話をしている最中に「ちょっと待って，時間と場所を記録するから」とのコメントを発し，手元のメモに約束事項としてわかるように記載することが代行行動として，日々の中で繰り返すことが求められる。この例の「障害」と「訓練」のつながり，つまり「短期記憶の障害」と「相手に時間的余裕を要請すること」と「メモを取ること」という対応は，適切だと考える。

　しかし，このつながりを固定的に考えてしまうことが，ある種のより高度なレベルで生じている「パターナリズムになっている」と考えられる。例えば，この「メモを取る」という方法そのものが正しくできるようになったとしても，当該の子どもに類似する行動特性として，「身につけておくべきものを，知らないうちになくしてしまう傾向が強い」という「不注意の障害」があった場合，どうなるのか。先の療育訓練で「メモを取ること」ができるようになっても，「メモそのものをなくしてしまうこと」があるため，有効な訓練とはならないことになってしまう。

　「療育訓練」そのものを否定するためにこのような例を示しているのではない。発達障がいの当事者の特性を個別の特性の総合的判断で考え，それに対応した訓練内容を提供するという必要性があると伝えたいのである。それは，多くの発達障がいの当事者が抱えている問題が，ある面では共通している障害特

性でありながらも，それぞれの場面ごとに生じている障害の相関関係は異なる場合が圧倒的であるという矛盾からの提言である。

　システムズアプローチで述べる個別性への対応とは，個別の困りごとに対応するためには個別のプログラムを創造する必要があると考えるべきだという立場にある。あえて言うなら，システムズアプローチは，パターナリズムからの脱却に資するものでもある。

文献

船曳 康子（2016）．MSPA（Multi-dimensional Scale for PDD and ADHD）「発達障害用の要支援度評価スケール」 児童青年精神医学とその近接領域，*57*(4)，481-485.

船曳 康子（2018）．MSPA（発達障害の要支援度評価尺度）の理解と活用 勁草書房

Greenspan, S. I. & Wieder, S. (2006). *Engaging Autism; Using the Floortime Approach to Help Children Relate, Communicate and Think.* US : Da Capo Lifelong Books.（グリーンスパン, S. I. & ウィーダー, S. 広瀬 宏之（訳）（2009）．自閉症の DIR治療プログラム——フロアタイムによる発達の促し—— 創元社）

Gutstein, S. E. (2000). *AUTISM ASPERGERS; Solving the Relationship Puzzle.* US : Future Horizons.（ガットステイン, S. E. 杉山 登志郎・小野 次朗（監修）足立 佳美（監訳）坂本 照世（訳）（2006）．RDI「対人関係発達指導法」——対人関係のパズルを解く発達支援プログラム—— クリエイツかもがわ）

平田 香奈子（2021）．障害児の早期発見・療育をめぐる現状と課題，広島修大論集，*62*(1)，71-80.

Kasari, C., Gulsrud, A. C., Shire, S. Y., & Strawbridge, C. (2022). *The JASPER Model for Children with Autism; Prompting Joint Attention, Symbolic Play. Engagement and Regulation.* NY : Guilford Press.

Kaufman, B. N. (1994). *Son Rise; The Miracle Continues.* US : H. J. Kramer Inc.

Koegel, R. L. & Koegel, L. K. (2012). *The PRT Pocket Guide: Pivotal Response Treatment for Autism Spectrum Disorders.* US : Paul. H. Brookes Pub Co.（ケーゲル, R. L. & ケーゲル, L.K. 小野 真・佐久間 徹・酒井 亮吉（訳）（2016）．発達がい児のための新しい ABA療育 PRT——Pivotal Response Treatment の理論と実践—— 二瓶社）

小崎 慶介（2016）．日本における障害児療育の歴史，肢体不自由児療育を中心に 日本リハビリテーション医学会誌，*53*，348-352.

Lovaas, O. I. (1987). Behavioral Treatment and Normal Educational and Intellectual

Functioning in Young Autistic Children, *Journal of Consulting and Clinical Psychology*, *55*(1), 3-9.

文部科学省（2016）.「チームとしての学校」が求められる背景 Retrieved from https://www.mext.go.jp/b_menu/shingi/chukyo/chukyo3/siryo/attach/1365970.htm.（2023年9月12日）

中村 淳子・大川 一郎（2003）. 田中ビネー知能検査開発の歴史，立命館人間科学研究，*6*，93-111.

中根 晃・内山 登紀夫・市川 宏伸（編）（1997）. 自閉症治療スペクトラム──治療家のためのガイドライン──　金剛出版

尾崎 康子・三宅 篤子（編）（2016）. 乳幼児期における発達障害の理解と支援②　知っておきたい発達障害の療育　ミネルヴァ書房

芝崎 正行（2002）. わが国における障害幼児の教育と療育に関する歴史的変遷について　東京家政大学研究紀要，*42*，101-105.

高取 吉雄（2012）. 肢体不自由児の療育，三人の夢　日本リハビリテーション医学会誌，*49*，67-72.

あとがき

　発達障がいのある人への支援は，近年認知度がとても高くなってきている。療育的な対応や，関係者への知識の周知など，ひと昔前に比べると，支援者を取り巻く状況は改善している。しかし，やはり当事者や現場への適切な支援が行き届くには，依然として課題が残っている。

　現場で支援にあたる上で，「発達障がい支援」を看板に掲げる療育機関や医療機関で行う支援と，そうでない現場の支援は，かなり異なるという実感がある。前者の現場は「発達障がい」という専門性に基づく支援を行いやすいが，後者の現場はそういった専門性を掲げる支援機関へのつなぎや，それ以前の調整やサポートが必須となることが多いためである。後者の現場では，本人への支援に加え，関係者への支援や調整が必須になる。しかし，そんな関係者全体を支援するためのガイドラインが現場で切望されているにもかかわらず，なかなか目にする機会が少ないのが現状である。今回，本書を刊行することが，関係者支援の課題への一石になればと考えた。

　一方で，執筆にあたり，自分たちの実践をどのように示せばよいのか，とても悩むことになった。システムズアプローチは，人と人の相互作用という，目に見えるようで見えにくいものを扱う。関係者との連携といっても，「言うは易く行うは難し」で，しかもそれを言葉にするというのは大変な作業だった。少しでも，現場での支援での様子を示せれば本望である。

　発達障がいのある人へのシステムズアプローチの実践や研究は，まだはじまったばかりである。本書では，重度の障害がある方への支援を取り上げられておらず，今後の課題である。

　最後に，金子書房の岩城亮太郎氏には，粘り強いバックアップと素晴らしい編集のご助力をいただいた。この場をお借りして，遅筆の謝罪と心よりの感謝を申し上げたい。そして出版にあたり，ご助力をいただいた皆様に心より感謝申し上げますとともに，発達障がいのある人々に本書が資することを期待する。

2024年1月

著者を代表して　　　志田　望

著者紹介

吉川　　悟（よしかわ・さとる）　　　　　　　　まえがき・第1章・第5章
龍谷大学心理部教授。公認心理師，臨床心理士，家族心理士，医療心理士。
学会は，日本家族療法学会・元副会長，日本ブリーフサイコセラピー学会・元
会長など。著書に『対人援助における臨床心理学入門』（ミネルヴァ書房，編著，
2014），『システムズアプローチ入門』（ナカニシヤ出版，共著，2017），『システ
ムズアプローチのものの見方』（遠見書房，2023）など。

赤津　　玲子（あかつ・れいこ）　　　　　　　　第2章・第4章事例1～3
龍谷大学心理学部教授。公認心理師，臨床心理士，認定スーパーヴァイザー
（日本家族療法学会）。
学会は，日本ブリーフサイコセラピー学会・常任理事など。著書に『システム
論から見た援助組織の協働』（金剛出版，分担，2009），『システムズアプローチ
によるスクールカウンセリング』（金剛出版，編著，2019），『みんなのシステム
論』（日本評論社，共著，2019）など。

志田　　望（しだ・のぞむ）　　　　　　第3章・第4章事例4～6・あとがき
龍谷大学心理学部講師。公認心理師，臨床心理士。
学会は，日本心理臨床学会，日本家族療法学会，日本ブリーフサイコセラピー
学会など。著書に『システムズアプローチによるスクールカウンセリング』（金
剛出版，分担，2019）など。

システムズアプローチで考える「発達障がい」

関係性から丸ごと支援する

2024年4月30日　初版第1刷発行　　　　　　　　　　［検印省略］

著　者　吉　川　　　悟

　　　　赤　津　玲　子

　　　　志　田　　　望

発行者　金　子　紀　子

発行所　株式会社　金　子　書　房

　　　　〒112-0012　東京都文京区大塚3-3-7

　　　　TEL　03-3941-0111㈹

　　　　FAX　03-3941-0163

　　　　振替　00180-9-103376

　　　　URL　https://www.kanekoshobo.co.jp

印刷／藤原印刷株式会社

製本／有限会社井上製本所

装幀／INABA　STUDIO

本文組版／株式会社APERTO

ISBN 978-4-7608-2694-0 C3011
Printed in Japan